Langenscheidt

Schnell mitreden auf
Englisch

100 Wörter lernen, 500 Sätze sprechen

W0083451

Langenscheidt

München · Wien

Herausgegeben von der Langenscheidt-Redaktion
Autorin: Christiane Bohner
Corporate Design Umschlag: KW 43 BRANDDESIGN, Düsseldorf
Umschlaggestaltung: Guter Punkt, München

© 2017 Langenscheidt GmbH & Co. KG, München
Satz: Franzis print & media GmbH, München
Druck und Bindung: C.H. Beck, Nördlingen
ISBN 978-3-468-23421-7
www.langenscheidt.de

Inhalt

Benutzerhinweise

- Dieser Sprachführer macht es Ihnen so leicht wie möglich, sich im englischsprachigen Ausland zu verständigen: Sie lernen nur 100 Wörter, mit denen Sie über 500 Sätze sprechen und somit alle relevanten Reisesituationen meistern können! Um den größtmöglichen Nutzen aus diesem Buch zu ziehen, gehen Sie bitte wie folgt vor:

- Lernen Sie zunächst die 100 Wörter im nachfolgenden Hundertwortschatz. Diese wurden nicht alphabetisch geordnet, sondern in sinnhafte Gruppen gegliedert, um Ihnen das Einprägen zusätzlich zu erleichtern. Bei den Verben finden Sie nur die Formen, die Sie später tatsächlich benötigen. Alle Formen eines Verbs sind in einem Eintrag zusammengefasst.

- Sie müssen nur 100 Wörter lernen, aber Ihr Grundwortschatz ist eigentlich schon viel breiter, denn aus den Einzelwörtern kann man Zusammensetzungen bilden. Wenn sie *meal* (Essen) und *time* (Zeit) kennen, verstehen sie z. B. *mealtimes* (Essenszeiten). Die wichtigsten Zusammensetzungen, die man aus den 100 Wörtern bilden kann, finden Sie als Untereinträge im Hundertwortschatz.

- Sowohl im Hundertwortschatz als auch in den einzelnen Kapiteln gibt es gelb eingerahmte Sprachtipps, die Ihnen die wichtigsten Regeln und sprachlichen Besonderheiten des Englischen anhand von Beispielen erläutern.

- Darüber hinaus informieren Sie die grün umrahmten Kulturtipps über bestimmte Gepflogenheiten in Großbritannien, die für den deutschsprachigen Besucher zunächst neu und ungewohnt sein könnten.

- In den einzelnen Kapiteln finden Sie – nach Themen geordnet – die wichtigsten Sätze und Ausdrücke, die Sie in der jeweiligen Situation sprechen oder auch verstehen möchten. Dabei handelt es sich bewusst um Sätze aus dem tatsächlich gesprochenen Alltagsenglisch.
  An einigen Stellen wurden die Sätze durch Bilder ergänzt; das jeweilige englische Wort zum Bild ist jedoch direkt darunter angegeben und kann als weitere Alternative in den Satz (an der Stelle „…") eingesetzt werden.

- Im gesprochenen Englisch gibt es viele feste Wendungen: Das sind Wörter in fester Reihenfolge, die in genau dieser Verbindung eine neue Bedeutung annehmen, die oft nichts mehr mit der Bedeutung der einzelnen Wörter zu tun hat. Um für Sie die Benutzung dieser festen Wendungen zu vereinfachen, wurden diese in den Kapiteln mit Fußnoten gekennzeichnet und außerdem ins Wörterbuch aufgenommen.

- Das Wörterbuch ganz am Ende dieses Buches bietet Ihnen die Möglichkeit des alphabetischen Nachschlagens aller englischen Begriffe. Im Wörterbuch finden Sie alle Wörter aus dem Hundertwortschatz, alle Bild-Wörter sowie alle festen Wendungen aus den Kapiteln.

- Damit Ihnen die Aussprache keine Mühe bereitet, steht in allen drei Teilen dieses Buches (Hundertwortschatz, Satzmuster zu den Reisesituationen, Wörterbuch) bei jedem englischen Wort immer die vereinfachte Lautschrift. Bei dieser Lautschrift wurde vom Deutschen ausgegangen, d. h. bis auf wenige Ausnahmen werden alle Buchstaben so ausgesprochen, wie Sie es vom Deutschen gewohnt sind.

- Bitte beachten Sie aber die folgenden Besonderheiten bzw. Sonderzeichen:

  ə   wird gesprochen wie das *e* in *bitte*

  ɔ   wird offen gesprochen, wie das *o* in *morgen*

  s   wird stimmhaft gesprochen, wie das *s* in *sehen*

  ß   wird stimmlos gesprochen, wie *s* in *das* oder *ß* in *Straße*

  ð   gelispeltes stimmhaftes *s*

  θ   gelispeltes stimmloses *ß*

  v   wie deutsches *w* in *wenig*

  w   wie *u* und *w* schnell hintereinander gesprochen

  h   hinter einem Selbstlaut: Dehnung wie in *Stuhl*

  Das Zeichen ' schließlich bedeutet, dass die nachfolgende Silbe betont ausgesprochen werden soll.

- Hier finden Sie eine Übersicht der verwendeten grammatischen Begriffe sowie einige Beispiele:

	deutsche Beispiele	englische Beispiele
Artikel	das, eine, ein	the, a, an
Adjektiv	warm, schön, nett	warm, beautiful, nice
Adverb	leise, ernsthaft, gut	quietly, seriously, well
Substantiv	Reise, Flugzeug, Wetter	journey, plane, weather
Verb	sprechen, lesen, entspannen	speak, read, relax

Hundertwortschatz

1	**yes** jeß	ja
2	**no** nou	nein; kein/keine
	not nɔt	nicht
3	**the** ðə	der/die/das
4	**a** ə	ein/eine
	an än	ein/eine

SPRACHTIPP

Da es im Englischen nur den einen bestimmten Artikel *the* (ðə) gibt, haben die Substantive auch kein Geschlecht (wie z. B. im Deutschen). Ebenso gibt es nur einen unbestimmten Artikel, nämlich *a*.
Allerdings wird *a* vor Wörtern, die in der Schreibung bzw. Aussprache mit einem Selbstlaut beginnen, immer zu *an* (z. B. *an evening* = ein Abend), um die Aussprache zu erleichtern. *The* wird vor solchen Wörtern anders ausgesprochen, nämlich ði: *the other day* (ði ˈaðə däi). Die Schreibung bleibt aber gleich.

5	**and** änd	und
6	**very** ˈveri	sehr
7	**too** tuh	auch; zu
8	**but** bat	aber; sondern
9	**I** ai	ich
10	**me** mi	mir/mich

11 **my** mai — mein/meine

12 **we** wi — wir

13 **us** aß — uns

14 **our** ˈauə — unser/unsere

15 **you** ju — du; Sie; ihr
   your jɔ — dein(e); Ihr(e); euer(e)

16 **it** it — es

17 **some/any** ßam/ˈeni — einige, ein paar
   someone/anyone — (irgend)jemand
   ˈßamwan/ˈeniwan
   something/anything — (irgend)etwas
   ˈßamθing/ˈeniθing
   somewhere/anywhere irgendwo
   ˈßamweə/ˈeniweə

18 **other** ˈaðə — andere, übrige
   another əˈnaðə — ein anderer/eine andere/
   ein anderes

19 **half** hahf — halb; Hälfte

20 **one** wan — eins

21 **two** tuh — zwei

22 **many** ˈmeni — viel/viele
   much matsch — viel

23 **more** mɔ — mehr
   most moust — meist, am meisten

24 **all** ɔl — alle, alles

SPRACHTIPP

Vor zählbaren Begriffen verwendet man *many* (z. B. *many nights* = viele Nächte) und vor nicht zählbaren Begriffen *much* (z. B. *much time* = viel Zeit).
In Fragen und verneinten Sätzen benutzt man fast immer die Formen *any* bzw. *anything* oder *anyone* – z. B. *Are there any drinks for us?* (Gibt es ein paar Getränke für uns?)

25	**thing** θing	Ding, Sache
26	**day** däi	Tag
	today tə‖däi	heute
27	**morning** ‖mɔhning	Morgen
28	**evening** ‖ihvning	Abend
29	**night** nait	Nacht
	tonight tə‖nait	heute Abend/Nacht
30	**name** näim	Name; (be)nennen
31	**way** wäi	Weg; Art und Weise
	away ə‖wäi	weg, fort
32	**room** ruhm	Zimmer; Platz
33	**bed** bed	Bett
34	**Germany** ‖dschöməni	Deutschland*
	German ‖dschömən	deutsch

---

* Lernen Sie bitte nur entsprechend Ihrem Herkunftsland:

Austria ‖ɔßtriə	Österreich
Austrian ‖ɔßtriən	österreichisch
Switzerland ‖ßwitßələnd	die Schweiz
Swiss ßwiß	schweizerisch

35	**meal** mihl	Mahlzeit, Essen
	mealtimes ˈmihltaims	Essenszeiten
36	**ticket** ˈtikət	Fahrkarte; Eintrittskarte; Ticket
37	**size** ßais	Größe
38	**present** ˈpresənt	Geschenk; Gegenwart
39	**time** taim	Zeit; Mal; Aufenthalt

SPRACHTIPP

Im Englischen wird die Mehrzahl in den allermeisten Fällen durch das Anhängen eines „s" an das Substantiv gebildet: *name – names*; *room – rooms* oder *ticket – tickets*.

40	**good** gud	gut
	better ˈbetə	besser
	best beßt	am besten; der/die/das Beste
41	**well** wel	gut [Adverb];
		gesund; also; durchaus

SPRACHTIPP

Ein Adverb beschreibt, wie man etwas tut, z. B.: *It closes nicely* (Es geht schön zu.). Es wird meistens gebildet, indem man die Silbe *-ly* an das Adjektiv hängt. Eine Ausnahme bildet *good* mit dem Adverb *well*.

42	**nice** naiß	nett; schön
43	**right** rait	richtig; rechts; Recht
44	**large** lahdsch	groß

45	**small** smɔl	klein
46	**ready** ˈredi	fertig
47	**late** läit	spät
48	**near** niə	nah, in der Nähe
	next next	nächst
	nearby ˈniəbai	nahe gelegen
49	**expensive** ixˈpensiv	teuer
50	**this** ðiß	dieser/diese/dieses
	these ðihs	diese [Mehrzahl]
51	**that** ðät	jener/jene/jenes; das; so; dass
	those ðous	jene [Mehrzahl]

52	**which** witsch	welcher/welche/welches
53	**what** wɔt	was
54	**when** wen	wann; (dann) wenn
55	**where** weə	wo
56	**how** hau	wie
57	**tomorrow** tə'mɔrou	morgen
58	**now** nau	jetzt
	right now rait nau	sofort
59	**here** hiə	hier
60	**there** ðeə	da, dort
	There is/There are … ðər is/ðər ah	Es gibt …

61	**on** ɔn	auf; in; am
62	**at** ät	auf; in; um
63	**in** in	in; in Mode
64	**to** tə	nach, zu
65	**with** wið	mit
66	**for** fɔ	für; denn; seit

67 **of** ɔv   von

68 **from** frɔm   von, aus

69 **by** bai   bis; mit; bei

SPRACHTIPP

Diese kleinen Wörter (61–69) gehen gerne Verbindungen mit bestimmten Verben ein. So wird zum Beispiel aus *get* (bekommen) und *on* das Verb *get on*, was „miteinander auskommen" bedeutet: *They get on well* (Sie kommen gut miteinander aus.). Sie finden alle diese Verbindungen auch im Wörterbuch am Ende dieses Buches.

---

70 **Hello.** həˈlou   Guten Tag/Morgen/Abend.

71 **Goodbye.** gudˈbai   Auf Wiedersehen.
   Bye-bye. bai bai   Tschüs.

72 **thank** θänk   danken
   thanks θänkß   der Dank, danke

73 **please** plihs   bitte; gefallen, erfreuen
   be pleased with   zufrieden sein mit
   bi plihsd wið

74 **Excuse me, ...** ixˈkjuhs mi   Entschuldigen Sie, ...

75 **Sorry.** ˈßɔri   Verzeihung./Es tut mir leid.
   Sorry? ˈßɔri   Wie bitte?

76 **be** bi   sein
   am äm   [ich] bin
   are ah   [du] bist; [wir] sind
   is is   [er/sie/es] ist

was wɔs	[ich; er/sie/es] war
were wöh	[du] warst; [Sie] waren

77 **do** du — tun, machen; Fete
    does das — [er/sie/es] tut
    did did — tat [Vergangenheit]

78 **want to** wɔnt tə — wollen/will, mögen/mag

79 **can** kän — können/kann
    could kud — konnte; könnte

80 **would like** wud laik — möchte(n) gerne,
    würde(n) gerne
    like laik — mögen, gefallen; wie

81 **have** häv — haben
    has häs — [er/sie/es] hat
    had häd — hatte [Vergangenheit]
    have to häv tu — müssen

82 **need** nihd — brauchen

SPRACHTIPP

Das Verb *do* benötigt man im Englischen sehr häufig, z. B. zur Bildung von Fragesätzen: *Does it start at one?* (Beginnt es um ein Uhr?) oder *Where did you lose it?* (Wo haben Sie es verloren?). In der Vergangenheit lautet die Form immer *did*; in der 3. Person Einzahl (er/sie/es) der Gegenwart muss es *does* heißen.

Zur Verneinung von Sätzen benutzt man ebenfalls Formen von *do*, an die man das zu „n't" abgekürzte Wort *not* anhängt: *I don't want to pay for that* (Ich möchte das nicht bezahlen.). Diese Verschmelzung von *not* mit dem dazugehörigen Verb gibt es auch bei *can't* (= can not), *doesn't* (= does not) oder *isn't* (= is not).

83	**go** gou	gehen
	goes gous	[er/sie/es] geht
	gone gɔn	verloren, verschwunden
	went went	ging [Vergangenheit]
	going to ˈgouing tə	werden [Zukunftsform]
84	**see** ßih	sehen; besuchen
85	**get** get	bekommen; werden; verstehen
	got gɔt	bekam, wurde [Vergangenheit]
86	**take** täik	nehmen; dauern; aushalten
	takeaway ˈtäikəwäi	Restaurant mit Straßenverkauf
87	**give** giv	geben
88	**pay** päi	(be)zahlen
89	**show** schou	zeigen; Vorstellung, Show
90	**look** luk	schauen, aussehen; Blick; Aussehen
	looking for ˈluking fɔ	suchen
91	**help** help	helfen; Hilfe
92	**call** kɔhl	(an)rufen; Anruf
	called kɔhld	gerufen; namens
93	**start** ßtaht	beginnen; Beginn
94	**open** ˈoupən	öffnen; geöffnet
95	**close** klous	schließen
	closed klousd	geschlossen
	close klouß	nah; schwül
96	**eat** iht	essen
97	**drink** drink	trinken; Getränk

17

98 **break** bräik — kaputtmachen, (zer-) brechen; Pause, Ferien

    break in bräik in — einbrechen
    break-in ˈbräik-in — Einbruch
    broken ˈbroukən — kaputt; gebrochen

99 **fix** fix — reparieren
    fixed fixt — fest(gelegt), repariert

100 **lose** luhs — verlieren
    lost lɔßt — verirrt

SPRACHTIPP

Will man im Englischen ausdrücken, dass etwas gerade im Moment passiert, benutzt man dafür eine Form von *be* zusammen mit der so genannten „ing-Form" des Verbs: *I am looking for a room* (Ich suche – jetzt gerade! – ein Zimmer.) oder *What are you doing?* (Was machst du/machen Sie im Moment?).

Die Endung *-ed* an einem Verb bildet hingegen die Vergangenheitsform bei den meisten (= regelmäßigen) Verben: *I called you this morning* (Ich rief Sie/dich heute Morgen an.). Bei manchen Verben ist diese Form aber unregelmäßig, wie z. B. die Vergangenheit *got* von der Grundform *get* oder *went* von *go*.

Will man etwas in der Zukunft ausdrücken, so nimmt man dafür die passende Form von *be* plus der festen Form *going to* und dann das jeweilige Verb: *It is going to take two days* (Es wird zwei Tage dauern.).

Sowohl für die Vergangenheit als auch für die Zukunft gibt es weitere Formen. Sie werden in diesem Buch aber nicht behandelt, damit das Lernen für Sie nicht unnötig kompliziert wird.

Von Mensch zu Mensch

Jemanden begrüßen

Die folgende Begrüßung passt zu fast jeder Tages- und Nachtzeit:

Hello. həˈlou — Guten Tag/Morgen/Abend.

Falls Ihre Begrüßung vor allem Ihre Anwesenheit verkünden sollte, aber sich niemand daraufhin zeigt, können Sie noch hinzufügen:

Anyone there? ˈeniwan ðeə — Ist da jemand?

Auf britisch-diskrete Art können Sie in jeder Situation so um Aufmerksamkeit bitten:

Excuse me, please. — Entschuldigung!
ixˈkjuhs mi plihs

Etwas spezifischer können Sie zur Begrüßung auch sagen:

Good morning. gud ˈmɔhning — Guten Morgen.

Good evening. gud ˈihvning — Guten Abend.

KULTURTIPP

Wenn Sie eine Person mit Nachnamen ansprechen, lautet die korrekte Anrede für einen Mann *Mr* (Herr; gesprochen ˈmißtə) und für eine verheiratete Frau *Mrs* (ˈmißis). Wenn man nicht weiß, ob die betreffende Frau verheiratet ist, verwendet man am besten die neutrale Anrede *Ms* (mis). Sie werden vielleicht auch feststellen, dass man in Großbritannien oft schneller per Vornamen ist als in deutschsprachigen Ländern.

How nice to see you. hau naiß tə ßih ju — Wie schön Sie/dich/euch zu sehen!

How nice to see the two of you. hau naiß tə ßih ðə tuh ɔv ju — Wie schön Sie/euch beide zu treffen!

SPRACHTIPP

Im Englischen gibt es keine eigenen Formen für „du" und „Sie". In solchen Sätzen wie den beiden obigen kann also das englische *you* auf Deutsch „du" (bzw. „dich"), „Sie" oder auch „ihr" (bzw. „euch") bedeuten. Wegen der Lesefreundlichkeit wird auf den folgenden Seiten aber immer nur die höfliche „Sie"-Form in der Übersetzung verwendet (außer in den Fällen, wo *you* ganz eindeutig nur dem deutschen „du" entspricht).

Sich verabschieden

Verabschieden können Sie sich entweder förmlich:

Goodbye. gud'bai — Auf Wiedersehen.

Good night. gud nait — Gute Nacht.

… oder auch informell:

Bye! 'bai — Wiedersehen!

Bye-bye! bai'bai — Wiedersehen!/Tschüs!

See you. ßih ju — Tschüs!

See you later. ßih ju 'läitə — Tschüs!/Bis nachher!

... und wenn Sie möchten auch bis zum Zeitpunkt Ihres Wiedersehens:

See you at ... [Uhrzeit]. ßih ju ät   Bis um ...!

See you tomorrow at ...   Bis morgen um ...!
[Uhrzeit]. ßih ju tǝˈmɔrou ät

See you at ... [Uhrzeit] in the   Bis um ... Uhr morgens!
morning.
ßih ju ät ... in ðǝ ˈmɔhning

See you at ... [Uhrzeit] in the   Bis um ... Uhr abends!
evening.
ßih ju ät ... in ðǝ ˈihvning

ZAHLEN BZW. UHRZEITEN
zum Einsetzen finden Sie auf Seite 121.

---

zum Einsetzen finden Sie auf Seite 121.

SPRACHTIPP

In Großbritannien benutzt man meistens nur die 12-Stunden-Uhr, sodass Sie bei der Nennung der Uhrzeit noch die Tageszeit (*in the morning* bzw. *in the evening*) angeben können, um Missverständnisse auszuschließen. Die Minuten können Sie ganz einfach als Zahl an die Stunde anhängen, so bedeutet z. B. *seven thirty* 7.30 h oder 19.30 h.

See you at one. ßih ju ät wan   Bis um eins!

See you tomorrow at one.   Bis morgen um eins!
ßih ju tǝˈmɔrou ät wan

See you at two.
ßih ju ät tuh

Bis um zwei!

See you tomorrow at two.
ßih ju təˈmɔrou ät tuh

Bis morgen um zwei!

See you this evening.
ßih ju ðiß ˈihvning

Bis heute Abend!

See you tonight.
ßih ju təˈnait

Bis heute Abend/Nacht!

See you tomorrow.
ßih ju təˈmɔrou

Bis morgen!

See you tomorrow morning.
ßih ju təˈmɔrou ˈmɔhning

Bis morgen früh!

See you tomorrow night.
ßih ju təˈmɔrou nait

Bis morgen Abend/Nacht!

See you on … ßih ju ɔn

Bis am …!

DIE WOCHENTAGE zum Einsetzen finden Sie auf Seite 122.

Außerdem können Sie natürlich auch noch den Ort Ihres Wiedersehens benennen:

See you at the … ßih ju ät ðə

Bis im/am/an der …!

hotel
houˈtel

restaurant
ˈreßtərɔnt

bar
bah

pool
puhl

See you at the … ßih ju ät ðə   Bis im/am/an der …!

beach
bihtsch

café
kä'fäi

tennis court
'teniß kɔht

theatre
'θiətə

Zum Abschied kann man dem anderen noch einen guten Wunsch
mit auf den Weg geben:

Have a nice day. häv ə naiß däi   Einen schönen Tag noch!

Have a nice day, you two.   Ihnen beiden noch
häv ə naiß däi ju tuh   einen schönen Tag!

Have a nice evening.   Einen schönen Abend
häv ə naiß 'ihvning   noch!

Have a nice evening,   Ihnen beiden noch einen
you two.   schönen Abend!
häv ə naiß 'ihvning ju tuh

All the best. ɔl ðə beßt   Alles Gute!/Viel Glück!

All the best to you.   Alles Gute/Viel Glück für
ɔl ðə beßt tə ju   Sie!

Thanks, and to you.   Danke, für Sie auch!
θänkß änd tə ju

Sich vorstellen

So können Sie sich oder andere Personen vorstellen:

My name is … mai näim is   Ich heiße …

Our name is … 'auə näim is   Wir heißen …

23

I am … ai äm	Ich bin/heiße …
This is … [Name der Person, die Sie vorstellen möchten]. ðiß is	Das ist …
These are … [Namen der Personen, die Sie vorstellen möchten]. ðihs ah	Das sind …
How do you do? hau du ju du	Sehr erfreut (Sie kennen zu lernen).

KULTURTIPP

How do you do? (Wörtl.: Wie geht es dir/Ihnen?) ist gar keine echte Frage mehr, sondern nur noch eine formell-höfliche Floskel, die man benutzt, wenn einem jemand vorgestellt wird. Aus diesem Grund lautet die „Antwort" darauf ebenso: *How do you do?*
Das Händeschütteln findet man auf den britischen Inseln übrigens eher selten; selbst wenn man eine Person zum ersten Mal trifft, gibt man sich nicht unbedingt die Hand.

Wenn Sie den Namen Ihres Gegenübers nicht verstanden haben, sagen Sie einfach:

I'm sorry, I didn't get your name. aim Ißori ai didnt get jɔ näim	Es tut mir leid, ich habe Ihren Namen nicht verstanden.
What was it, please? wɔt wɔs it plihs	Wie war er doch gleich?

SPRACHTIPP

Wie Sie in den letzten Sätzen nochmals sehen konnten, lautet die Vergangenheitsform von *do* (tun) *did* (tat) und von *is* (ist) *was* (war).

Falls Sie den neuen Namen etwas später nicht mehr parat haben sollten, scheuen Sie sich nicht zu sagen:

Sorry, but I'm not very good with names. ˈßɔri bat aim nɔt ˈveri gud wið näims	Es tut mir leid, aber ich habe kein sehr gutes Namensgedächtnis!
Could you give me your name one more time, please? kud ju giv mi jɔ näim wan mɔ taim plihs	Könnten Sie bitte noch einmal Ihren Namen nennen?

Und so können Sie das Thema „Namen nennen" angehen, wenn es vorher zu keiner „offiziellen" Vorstellung gekommen ist:

By the way*, what's your name, please? hai ðə wäi wɔtß jɔ näim plihs	Übrigens, wie heißen Sie denn bitte?
Could I have your name, please? kud ai häv jɔ näim plihs	Könnte ich bitte Ihren Namen wissen?
By the way, my name is … bai ðə wäi mai näim is	Ich heiße übrigens …

---

* Achtung feste Wendung:
by the way bai ðə wäi   übrigens

By the way, I am …
bai ðə wäi ai äm

Ich bin/heiße übrigens …

I'm called … by the way.
aim kɔhld … bai ðə wäi

Ich heiße übrigens …

We're called …
ˈwiə kɔhld

Wir heißen …

SPRACHTIPP

Ein ganz typisches Merkmal des gesprochenen Englisch ist das häufige Zusammenziehen von aufeinander folgenden Wörtern. Sie erkennen das bei den Sätzen auf diesen Seiten sowohl an der Schreibung als auch an der Aussprache: Statt *what is* schreibt (und sagt) man z. B. *what's,* statt *I am* einfach nur *I'm* und aus *that is* wird *that's.* Weil dabei immer ein Buchstabe wegfällt (z. B. das *i* von *is*), setzt man an dieser Stelle im Wort ein Auslassungszeichen.

Fremde (Vor-)Namen können für beide Seiten zunächst ein bisschen schwierig sein, auch wenn sie noch so schön klingen:

What a nice name.
wɔt ə naiß näim

Was für ein schöner Name!

That's a very nice name.
ðätß ə ˈveri naiß näim

Das ist aber ein sehr schöner Name!

That's a name like no other name. ðätß ə näim laik nou ˈaðə näim

Das ist ein ungewöhnlicher Name.

Where is that name from?
ˈweər is ðät näim frɔm

Wo kommt dieser Name her?

Is that a German* name? is ðät ə ˈdschömən näim	Ist das ein deutscher Name?
Yes, that's a German name. jeß ðätß ə ˈdschömən näim	Ja, das ist ein deutscher Name.
Yes, it could well be a German name. jeß it kud wel bi ə ˈdschömən näim	Ja, es könnte durchaus ein deutscher Name sein.

Bei der Aussprache von Namen ist man oft sehr kritisch:

I have to get your name right. ai häv tə get jɔ näim rait	Ich muss Ihren Namen einfach richtig aussprechen!
But that was very good to start with. bat ðät wɔs ˈveri gud tə ßtaht wið	Aber das war doch für den Anfang schon sehr gut!
You're good with names. juə gud wið näims	Sie sind aber gut, wenn es um Namen geht!

Sich bedanken

Hier finden Sie einige der vielen Möglichkeiten, sich für etwas zu bedanken – zunächst einmal ganz generell:

Thank you. θänk ju	Danke.
Thanks. θänkß	Danke.

---

* **Austrian** ˈɔßtriən	österreichisch
Swiss ßwiß	schweizerisch
** Achtung feste Wendung:	
to start with tə ßtaht wið	für den Anfang, zunächst

27

Thank you very much. θänk ju ˈveri matsch	Vielen Dank.
Thanks very much. θänkß ˈveri matsch	Vielen Dank.
Many, many thanks. ˈmeni ˈmeni θänkß	Vielen, vielen Dank!

... oder ein bisschen ausführlicher:

That is very good of you. ðät is ˈveri gud ɔv ju	Das ist ganz reizend von Ihnen.
Thank you very much for all that. θänk ju ˈveri matsch fɔ ɔl ðät	Vielen Dank für alles!
We would like to thank you for all of this. wi wud laik tə θänk ju fɔ ɔl ɒv ðiß	Wir möchten uns gerne bei Ihnen für das alles bedanken.
How can I thank you? hau kän ai θänk ju	Wie kann ich Ihnen nur danken?
How can we thank you for that? hau kän wi θänk ju fɔ ðät	Wie können wir Ihnen das je danken?

Sicherlich werden Sie nicht nur Dank aussprechen, sondern auch einmal selbst entgegennehmen. Vom Deutschen her liegt einem dann häufig ein „Bitte!" auf der Zunge. Auf Englisch geht das so:

Not at all. nɔt ät ɔl	Gern geschehen!/ Bitte sehr!
That's all right. ðätß ɔl rait	Bitte sehr!
There you are. ðeə ju ah	Bitte.

SPRACHTIPP

Bei der Benutzung dieser Formen nimmt es das Englische ziemlich genau: *Not at all* und *That's all right* sagt man nur als Erwiderung auf einen Dank.

There you are hingegen benutzt man beim Anbieten: Wenn z. B. am Tisch jemand noch Brot möchte, kann man ihm den Brotkorb mit den Worten *There you are* hinhalten.

Machen Sie sich aber deswegen keine Sorgen: Diese beiden Arten des „Bitte"-Sagens sind im Englischen nicht so unverzichtbar wie im Deutschen. Viel wichtiger ist, Ihren Bitten das obligatorische *please* hinzuzufügen.

Und so können Sie Menschen danken, die ganz besonders hilfsbereit waren oder sind:

Thanks for doing this for me.
θänkß fɔ ˈduing ðiß fɔ mi

Danke, dass Sie das für mich tun.

Thank you for doing that much for us.
θänk ju fɔ ˈduing ðät matsch fɔr aß

Danke, dass Sie so viel für uns tun.

Thank you for being there for me.
θänk ju fɔ ˈbiing ðeə fɔ mi

Danke, dass Sie für mich da sind.

Thank you for being there for us.
θänk ju fɔ ˈbiing ðeə fɔr aß

Danke, dass Sie für uns da sind.

Thank you for your help.
θänk ju fɔ jɔ help

Danke für Ihre Hilfe.

Many thanks for your help.
ˈmeni θänkß fɔ jɔ help

Besten Dank für Ihre Hilfe.

It was no small thing.
it wɔs nou smɔl θing

Das war keine Kleinigkeit.

**Thank you for helping us
that much.** θänk ju fɔ ˈhelping
aß ðät matsch

Danke, dass Sie uns so
sehr geholfen haben.

SPRACHTIPP

Auf diesen Seiten begegnet Ihnen die „ing-Form" des Verbs
in einer besonderen Funktion: Nach bestimmten Kons-
truktionen, wie z. B. *Thank you for* … steckt nämlich in dieser unscheinbaren „ing-Form" ein ganzer Nebensatz (im
Deutschen mit „dass …" übersetzt) oder auch ein Substantiv, wie in *Thank you for calling* (Danke für Ihren Anruf.).

**It's very good of you
to help me.**
itß ˈveri gud ɔv ju tə help mi

Es ist sehr nett von Ihnen,
dass Sie mir helfen.

**It's very good of you
to help us.**
itß ˈveri gud ɔv ju tə help aß

Es ist sehr nett von Ihnen,
dass Sie uns helfen.

**Thank you for taking
the time.**
θänk ju fɔ ˈtäiking ðə taim

Danke, dass Sie sich Zeit
genommen haben.

Thank you for calling.
θänk ju fɔ ˈkɔhling

Danke für Ihren Anruf.

Thank you for paying – but you didn't have to! θänk ju fɔ ˈpäiing bat ju didnt häv tə
Next time it's on me*! next taim itß ɔn mi

Danke fürs Zahlen – aber das wäre doch nicht nötig gewesen!
Das nächste Mal zahle ich!

Thank you for being that nice. θänk ju fɔ ˈbiing ðät naiß

Danke, dass Sie so nett sind.

Thank you for giving that much of your time for this. θänk ju fɔ ˈgiving ðät matsch ɔv jɔ taim fɔ ðiß

Danke, dass Sie so viel von Ihrer Zeit dafür geopfert haben.

Thank you for being with me. θänk ju fɔ ˈbiing wið mi

Danke, dass Sie bei mir sind.

Thank you for being with us. θänk ju fɔ ˈbiing wið aß

Danke, dass Sie bei uns sind.

Ihren Gastgebern können Sie so danken:

Many thanks for having me. ˈmeni θänkß fɔ ˈhäving mi

Vielen Dank für die schöne Zeit bei Ihnen.

Thank you for having us. θänk ju fɔ ˈhäving aß

Vielen Dank für unsere schöne Zeit bei Ihnen.

Natürlich können Sie sich auch für ganz konkrete Dinge bedanken:

Thank you for this very nice present. θänk ju fɔ ðiß ˈveri naiß ˈpresənt

Danke für dieses sehr schöne Geschenk.

---

* Achtung feste Wendung:
  It's/That's on me. itß/ðätß ɔn mi

Das geht auf mich.

Thank you very much for this nice present. θänk ju ˈveri matsch fɔ ðiß naiß ˈpresənt

Vielen Dank für das hübsche Geschenk.

Thank you for the nice meal/... θänk ju fɔ ðə naiß mihl

Danke für das gute. Essen/etc.

coffee
ˈkɔfi

tea
tih

beer
biə

wine
wain

movie
ˈmuhvi

game
gäim

play
pläi

KULTURTIPP

In Großbritannien legt man relativ großen Wert auf Höflichkeit und gute Umgangsformen, sodass man sich, selbst für Kleinigkeiten, eigentlich fast nicht zu viel bedanken kann. Ebenso hält man es mit den Entschuldigungsformeln (*Sorry* und *Excuse me*), die man auch bei geringfügigen Anlässen automatisch ausspricht. Gerade für Besucher des Landes gilt hier: Lieber ein bisschen zu viel als zu wenig!

Verständigungsprobleme lösen

Wenn Sie jemanden nicht verstanden haben, können Sie sagen:

Sorry? ˈßɔri	Wie bitte?
I'm sorry? aim ˈßɔri	Ich habe Sie nicht verstanden – bitte?
I didn't get that. ai didnt get ðät	Das habe ich nicht verstanden.

Wenn Sie einen Ausdruck o. Ä. in diesem Buch suchen müssen und das einen Moment dauert, können Sie sagen:

Sorry, but I need some time to get it right. ˈßɔri bat ai nihd ßam taim tə get it rait	Entschuldigung, aber ich brauche einen Augenblick, um das richtig hinzukriegen.
It takes some time with me, sorry. it täikß ßam taim wið mi ˈßɔri	Tut mir leid, das dauert bei mir ein bisschen.

Daraufhin wird man Ihnen aber sicherlich erwidern:

Yes, please take your time. jeß plihs täik jɔ taim	Ja, lassen Sie sich bitte ruhig Zeit.
Please take all the time you need. plihs täik ɔl ðə taim ju nihd	Nehmen Sie sich bitte die Zeit, die Sie brauchen.

Wenn Sie nach dem Wort tur etwas Bestimmtes suchen, können Sie sich durch Gesten zusammen mit den folgenden Sätzen dabei helfen lassen:

What's that called, please? wɔtß ðät kɔhld plihs	Wie heißt das, bitte?
What's this thing called, please? wɔtß ðiß θing kɔhld plihs	Wie nennt man bitte diese Sache?

I need the name for this.
ai nihd ðə näim fɔ ðiß

Ich brauche die Bezeich-
nung davon.

What do you call that?
wɔt du ju kɔhl ðät

Wie nennt man das?

Vielleicht sind Sie sich einmal nicht sicher, ob Sie das richtige
Wort mit der korrekten Aussprache benutzt haben. Falls Ihr Gesprächspartner also plötzlich ohne ersichtlichen Grund ein ganz
erstauntes Gesicht machen sollte, können Sie fragen:

**Isn't this a … [Wiederholung
des Wortes]?** isnt ðiß ə

Ist das nicht ein(e) …?

Now that wasn't right, was it?
nau ðät wɔsnt rait wɔs it

Das war jetzt nicht richtig,
oder?

SPRACHTIPP

Im Englischen wird häufig an einen Aussagesatz noch ein
kleiner Fragesatz angehängt, wie Sie im Beispiel oben sehen können: *Now that wasn't right, was it?*
In diesem Frage-Anhängsel wird das Verb des Aussagesat-
zes aufgegriffen und in die bejahte bzw. verneinte Frage-
form gesetzt, und zwar nach folgendem Muster:
Aus *wasn't* (verneint) wird *was it?* (bejaht) bzw. aus *it's* (bejaht) wird das verneinte *isn't it?* wie im Beispiel *It's getting
better, isn't it?* (Es wird besser, nicht wahr?).
Im Deutschen entspricht dieses Anhängsel einem ange-
hängten „…, nicht wahr?" bzw. einem „…, oder?". Allerdings benutzt man diese Art von Frage-Anhängsel im Englischen viel häufiger als im Deutschen.

VON MENSCH ZU MENSCH

I don't have the right name for this, do I?
ai dount häv ðə rait näim fɔ ðiß du ai

Ich weiß dafür nicht das richtige Wort, oder?

Manchmal werden Sie überprüfen wollen, ob Ihr Gegenüber noch versteht, was Sie sagen, bzw. umgekehrt selbst signalisieren, wenn Sie an einem bestimmten Punkt nichts mehr verstehen.
Das machen Sie so:

Are you with me?*
ah ju wið mi

Können Sie mir noch folgen?

Sorry, but I'm not with you any more. ˈßɔri bat aim nɔt wið ju ˈeni mɔ

Tut mir leid, aber ich kann Ihnen nicht mehr folgen.

I'm not with you there, sorry.
aim nɔt wið ju ðeə ˈßɔri

Tut mir leid, da komme ich nicht mehr mit.

Did I get you right?
did ai get ju rait

Habe ich Sie richtig verstanden?

Wenn Sie wieder im Bilde sind, können Sie sagen:

I see. ai ßih

Aha!

---

* Achtung feste Wendung:
    Are you with me? ah ju wið mi   Können Sie mir folgen?

Und sollten Sie einmal vermuten, dass jemand versucht, Sie zu veräppeln, können Sie fragen:

Are you having me on?
ah ju ʰhäving mi ɔn

Wollen Sie mich auf den Arm nehmen?

SPRACHTIPP

Dieser letzte Satz ist auch ein Beispiel für die vielen Möglichkeiten des Englischen, durch das Kombinieren von Wörtern feste Wendungen mit ganz neuer Bedeutung entstehen zu lassen: *have on* hat in diesem Satz nichts mit „anhaben" zu tun, sondern bedeutet „auf den Arm nehmen, veräppeln".

Smalltalk

Das Befinden

Man erkundigt sich in Großbritannien viel nach dem Befinden seiner Mitmenschen – auch wenn niemand eine sehr ausführliche Antwort erwartet. Die Standardfrage lautet also:

How are you? hau ah ju   Wie geht es Ihnen?

How are you today?   Wie geht es Ihnen heute?
hau ah ju təˈdäi

How are you this morning?   Wie geht es Ihnen heute
hau ah ju ðiß ˈmɔhning   Morgen?

Wenn es etwas lockerer klingen soll, können Sie auch fragen:

How are things?   Wie steht's?
hau ah θings

How's it going?   Wie geht's, wie steht's?
haus it ˈgouing

Wenn es jemandem vorher nicht so gut ging, können Sie sagen:

Are you any better today?   Geht es Ihnen heute denn
ah ju ˈeni ˈbetə təˈdäi   etwas besser?

Aren't things looking better   Sieht inzwischen die Welt
now? ahnt θings ˈluking   nicht schon wieder anders
ˈbetə nau   aus?

Meist wird die Frage nach dem Befinden positiv beantwortet:

Very well, thank you.
ˈveri wel θänk ju

Sehr gut, danke.

And you? änd ju

Und Ihnen?

Couldn't be better!
kudnt bi ˈbetə

Könnte nicht besser sein!

I'm well, thank you.
aim wel θänk ju

Es geht mir gut, danke.

We're very well, thank you.
wiə ˈveri wel θänk ju

Es geht uns sehr gut, danke.

We're doing well, thank you.
wiə ˈduing wel θänk ju

Die Dinge gehen gut voran, danke.

By and large* we're getting somewhere. bai änd lahdsch wiə ˈgeting ˈßamweə

Im Großen und Ganzen machen wir Fortschritte.

Yes, things started well and now I'm doing nicely.
jeß θings ˈßtahtid wel änd nau aim ˈduing ˈnaißli

Ja, es lief gut an und läuft immer besser.

It's getting better all the time.
itß ˈgeting ˈbetə ɔl ðə taim

Es geht stetig nach oben.

Things are looking very good for me. θings ah ˈluking ˈveri gud fɔ mi

Die Dinge stehen sehr gut für mich.

Things are looking better now.
θings ah ˈluking ˈbetə nau

Es sieht wieder besser aus.

---

* Achtung feste Wendung:
by and large bai änd lahdsch

im Großen und Ganzen

Doch kann die Antwort auch einmal nicht so positiv ausfallen:

Not very well. nɔt ˈveri wel   Nicht sehr gut.

I'm not too well.   Es geht mir nicht allzu gut.
aim nɔt tuh wel

Things could be better.   Es könnte besser sein.
θings kud bi ˈbetə

At present it's not looking too   Es sieht zurzeit nicht allzu
good for me. ät ˈpresənt   rosig für mich aus.
itß nɔt ˈluking tuh gud fɔ mi

I can't do things right at present.   Ich kriege im Moment
ai kahnt du θings rait ät ˈpresənt   nichts richtig hin.

Things are not going well for   Gerade klappt auch gar
me right now. θings ah nɔt   nichts bei mir.
ˈgouing wel fɔ mi rait nau

Things are not going right for   Es läuft nicht gut für mich.
me. θings ah nɔt ˈgouing rait fɔ mi

I have a broken …   Ich habe ein gebrochenes/
ai häv ə ˈbroukən   einen gebrochenen …

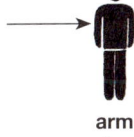

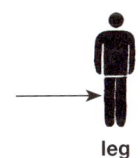

heart   **arm**   **leg**
haht   ahm   leg

Da tut ein bisschen Mitgefühl und Aufmunterung besonders gut:

I'm sorry. aim ˈßɔri	Das tut mir leid.
You're going to be better in no time at all. juə ˈgouing tə bi ˈbetə in nou taim ät ɔl	Es wird Ihnen im Nu wieder besser gehen.
By and by* it's going to get better. bai änd bai itß ˈgouing tə get ˈbetə	Bald wird es auch wieder aufwärts gehen.

Herkunft und Alter

Die Herkunft ist gerade im Urlaub häufig eines der ersten Themen, die sich ergeben. Fragen dazu können Sie folgendermaßen stellen und beantworten:

Where are you from? ˈweər ah ju frɔm	Woher kommen Sie?
I'm from Germany**. aim frɔm ˈdschöməni	Ich komme aus Deutschland.
We're from Germany. wiə frɔm ˈdschöməni	Wir kommen aus Deutschland.
Did you do German? did ju du ˈdschömən	Haben Sie Deutsch gelernt?
Yes, but I'm not good at it any more. jeß bat aim nɔt gud ät it ˈeni mɔ	Ja, aber ich kann es nicht mehr gut.

---

* Achtung feste Wendung:	
by and by bai änd bai	bald, nach und nach
** **Austria** ˈɔßtriə	Österreich
Switzerland ˈßwitßələnd	die Schweiz

Where are you from in Germany?
weə ah ju frɔm in ˈdschömənɪ

Wo in Deutschland
kommen Sie her?

I'm from … [Name der Stadt].
aim frɔm

Ich bin aus …

We're from … [Name der Stadt].
ˈwiə frɔm

Wir sind aus …

That's (very) close to … [Stadt].
ðätß (ˈveri) klouß tə

Das ist (sehr) nahe bei …

Isn't that near … [Stadt]?
isnt ðät niə

Ist das nicht in der Nähe
von …?

Isn't that next to … [Stadt]?
isnt ðät next tə

Ist das nicht direkt
neben …?

**Yes, you can get there in no
time at all.** jeß ju kän get ðeə
in nou taim ät ɔl

Ja, man ist ganz schnell
dort.

**Can you name somewhere
nearby please?** kän ju näim
ˈßamweə ˈniəbai plihs

Können Sie bitte
irgendeinen Ort in der
Nähe nennen?

… [Stadt] is very close.
… is ˈveri klouß

… ist ganz nahe.

Möglicherweise ist Ihre Stadt oder Ihr Ort im Ausland gar nicht
so unbekannt wie Sie vielleicht dachten:

**But that's right where I want
to go!** bat ðätß rait weə ai
wɔnt tə gou

Das ist doch genau da,
wo ich schon lange hin
will!

**I would like to go there very
much.** ai wud laik tə gou ðeə
ˈveri matsch

Da würde ich wirklich gerne
mal hin.

**Can't you get very good …
there?** kahnt ju get ˈveri
gud … ðeə

Bekommt man dort nicht
prima …?

**Doesn't … [Stadt] have a name
for …?** dasnt … häv ə näim fɔ

Ist … nicht bekannt für …?

cars
kahs

chocolate
ˈtschɔkələt

wine
wain

beer
biə

Manche Menschen zieren sich ein wenig, wenn es um ihr Alter
geht. Sie könnten aber einfach zuerst Ihr Alter nennen und, falls
es passt, direkt im Anschluss daran Ihr Gegenüber fragen:

I'm … [Zahl] – and you?
aim … – änd ju

Ich bin … – und Sie?

No! You don't look it!
nou! ju dount luk it

Nein! Das sieht man Ihnen
nicht an!

Heikle Themen

Falls Sie doch einmal befürchten sollten, durch eine Frage oder ein bestimmtes Thema Ihrem Gesprächspartner zu nahe getreten zu sein, können Sie sich so entschuldigen:

I'm sorry, I'm too open.
aim ˈßɔri aim tuh ˈoupən

Es tut mir leid; ich bin zu offen.

Please excuse me for being that open. plihs ixˈkjuhs mi fɔ ˈbiing ðät ˈoupən

Bitte entschuldigen Sie, dass ich so offen war.

I see. ai ßih
Well, we don't need to be that open. wel wi dount nihd tə bi ðät ˈoupən

Ich verstehe.
Also wir müssen ja nicht ganz so offen im Umgang miteinander sein.

We could go on with another thing, couldn't we? wi kud gou ɔn wið əˈnaðə θing kudnt wi

Wir könnten doch mit einer anderen Sache weitermachen, oder?

Vielleicht war dies der mögliche Grund für Ihr Verhalten:

You see, that could be my German* way. ju ßih ðät kud bi mai ˈdschömən wäi

Wissen Sie, das ist vielleicht meine deutsche Mentalität.

I'm very sorry. aim ˈveri ßɔri
That's the right way to do it in Germany.** ðätß ðə rait wäi tə duh it in ˈdschöməni

Es tut mir sehr leid.
Das gilt in Deutschland als völlig korrekt.

---

* **Austrian** ˈɔßtriən
  Swiss ßwiß
** **Austria** ˈɔßtriə
   Switzerland ˈßwitßələnd

österreichisch
schweizerisch
Österreich
die Schweiz

I see, these are the do's and don'ts* here. ai ßih ðihs ah ðə duhs änd dountß hiə

Aha, das sind also hier die Regeln.

Next time I have to be better at that. next taim ai häv tə bi ˈbetə ät ðät

Das nächste Mal muss ich das besser beherrschen.

Danach geht es mit einem unverfänglicheren Thema weiter:

Well, on to another thing … wel ɔn tə əˈnaðə θing

Also, was ich jedenfalls noch sagen wollte …

… oder das Gespräch wird höflich beendet:

It's getting late. itß ˈgeting läit

Es ist schon spät geworden.

I better go now. ai ˈbetə gou nau

Ich gehe jetzt besser.

Sorry, but it's time for me to go. ˈßɔri bat itß taim fɔ mi tə gou

Entschuldigung, aber ich muss jetzt los.

Urlaubsgeplauder

Nun geht es darum auszudrücken, wie es Ihnen am Urlaubsort gefällt und Ihre Erfahrungen mit denen anderer zu vergleichen.

Do you like it here? du ju laik it hiə

Gefällt es Ihnen hier?

Yes, I like it here very much. jeß ai laik it hiə ˈveri matsch

Ja, es gefällt mir hier sehr gut.

---

* Achtung feste Wendung:
  the do's and don'ts
  ðə duhs änd dountß

Regeln

Yes, I do. jeß ai du   Ja.

Yes, we like it here very much.   Ja, es gefällt uns sehr gut
jeß wi laik it hiə ˡveri matsch   hier.

SPRACHTIPP

Auf diesen Seiten sehen Sie noch eine typische Besonder-
heit des Englischen, nämlich die Kurzantworten wie z. B.
Yes, I do. Dabei wird ganz einfach das erste Verb des Frage-
satzes wiederholt, also lautet bei der Frage *Do you like it
here?* die (bejahte) Kurzantwort *Yes, I do*.
Natürlich können Sie eine Kurzantwort auch verneinen: *No,
we don't* (*like it here*). In den Klammern sehen Sie, wie die
volle Antwort weitergehen würde.
Die Bedeutung der Kurzantwort entspricht im Deutschen
immer einem einfachen „Ja" oder „Nein".

By and large we like it here very   Im Großen und Ganzen
much. bai änd lahdsch wi laik it   gefällt es uns hier sehr gut.
hiə ˡveri matsch

Are you having a good time?   Amüsieren Sie sich gut?
ah ju ˡhäving a gud taim

Yes, I am. jeß ai äm   Ja, (ich amüsiere mich gut).

Yes, we are. jeß wi ah   Ja, (wir amüsieren uns gut).

This could well be our nicest   Das ist doch eigentlich fast
time here. ðiß kud wel bi ˡauə   unser schönster Aufenthalt
ˡnaißißt taim hiə   hier.

This is my best break in all   Das sind meine besten
this time. ðiß is mai beßt bräik   Ferien seit langem.
in ɔl ðiß taim

We're very pleased with our room. wiə ˈveri plihsd wið ˈauə ruhm	Unser Zimmer gefällt uns sehr gut.
I'm very pleased with the meals/… here. aim ˈveri plihsd wið ðə mihls/… hiə	Ich bin sehr zufrieden mit dem Essen/etc. hier.

service
ˈsöhviß

beach
bihtsch

cafés
käˈfäiß

museums
mjuˈsiəms

Leider hat man aber manchmal auch Pech oder es war woanders einfach noch schöner:

Don't you like it here? dount ju laik it hiə	Gefällt es Ihnen hier nicht?
Don't you like it here that much? dount ju laik it hiə ðät matsch	Gefällt es Ihnen hier nicht so gut?
You don't like it here, do you? ju dount laik it hiə du ju	Ihnen gefällt es hier nicht, oder?
No, we don't like it here very much. nou wi dount laik it hiə ˈveri matsch	Nein, es gefällt uns nicht sehr gut hier.
No, I don't like it here. nou ai dount laik it hiə	Nein, es gefällt mir hier nicht.
No, we don't. nou wi dount	Nein, (es gefällt uns hier nicht).

No, I don't. nou ai dount	Nein, (es gefällt mir hier nicht).
We don't like it here at all. wi dount laik it hiə ät ɔl	Es gefällt uns hier überhaupt nicht.
It was much nicer in … [Ortsname]. it wɔs matsch ˈnaißə in	In … war es wesentlich schöner.
In … [Ortsname] I liked better how all the things looked. in … ai laikt ˈbetə hau ɔl ðə θings lukt	In … sah alles irgendwie besser aus.
In … [Ortsname] I liked the room/… better. in … ai laikt ðə ruhm/… ˈbetə	In … hat mir das Zimmer/ etc. besser gefallen.

sea
ßih

countryside
ˈkantrisaid

mountains
ˈmauntins

zoo
suh

concerts
ˈkɔnßətß

nightclubs
ˈnaitklabs

campground
ˈkämpgraund

hotel
houˈtel

We liked it better here another time. wi laikt it ˈbetə hiə əˈnaðə taim	Uns hat es hier ein anderes Mal schon besser gefallen.
And when was that? änd wen wɔs ðät	Und wann war das?

That was in … [Jahreszahl].
ðät wɔs in

Das war …

**I had a better time here
in … [Jahreszahl].** ai häd ə
ˈbetə taim hiə in

… [Jahreszahl] hat es mir
hier besser gefallen.

So können Sie sich über Ihre Urlaubsgestaltung unterhalten:

**You are having many
late nights.** ju ah ˈhäving ˈmeni
läit naitß

Sie gehen oft spät
schlafen.

**You two are having many late
nights, aren't you?**
ju tuh ah ˈhäving ˈmeni läit
naitß ahnt ju

Sie beide gehen immer
erst spät schlafen, nicht
wahr?

**But that's the best thing
to do when you're away!**
bat ðätß ðə beßt θing tə duh
wen juə əˈwäi

Aber das ist doch das
Beste, was man im Urlaub
machen kann!

I go to bed very late.
ai gou tə bed ˈveri läit

Ich gehe sehr spät ins
Bett.

**We don't go to bed
very late.** wi dount gou tə
bed ˈveri läit
Wir gehen nicht
sehr spät schlafen.

**We don't like having a late
start.** wi dount laik ˈhäving ə
läit ßtaht
Wir kommen morgens
gerne früh los.

**Yes, no time to lose when
you're away!** jeß nou taim tə
luhs wen juə əˈwäi
Ja eben, im Urlaub sollte
man keine Minute
vergeuden!

**Yes, we're on the go*
all day, too.** jeß wiə ɔn ðə gou
ɔl däi tuh
Ja, wir sind auch den
ganzen Tag auf Achse.

… und über Ihr Erholungsbedürfnis:

Well, we aren't doing that much.
wel wi ahnt ˈduing ðät matsch
We need a break. wi nihd ə bräik
Also, wir unternehmen
nicht so viel.
Wir brauchen mal eine
Pause.

I need a break. ai nihd ə bräik
Ich brauche mal eine
Pause.

**I need a break from all the
many things going on.**
ai nihd ə bräik frɔm ɔl ðə ˈmeni
θings ˈgouing ɔn
Ich brauche mal eine
Pause von der ganzen
Hektik.

**Yes, at times you're ready
like anything for a break.**
jeß ät taims juə ˈredi laik
ˈeniθing fɔ ə bräik
Ja, manchmal ist man
wirklich total urlaubsreif.

---

* Achtung feste Wendung:
    on the go ɔn ðə gou
auf Achse, unterwegs

It was time for me, too, to take a break. it wɔs t̲aim fɔ mi tuh tə täik ə bräik	Für mich war es auch an der Zeit, mal Pause zu machen.

… und darüber, wie lange die schöne Zeit noch dauert:

How many days do you have here in all? hau ˈmeni däis du ju häv hiə in ɔl	Wie viele Tage sind Sie denn insgesamt hier?
We're here for … [Zahl] days – and you? wiə hiə fɔ … däis – änd ju	Wir sind für … Tage hier – und Sie?

DIE ZAHLEN finden Sie auf Seite 121.

Das Wetter

Auch das sehr abwechslungsreiche britische Wetter bietet sich als dankbares Gesprächsthema an – ob man es gerade als angenehm empfindet:

Very nice day today, isn't it? ˈveri naiß däi təˈdäi ˈisənt it	Ein sehr schöner Tag heute, nicht wahr?
Yes, it couldn't get any nicer! jeß it kudnt get ˈeni ˈnaißə	Ja, es könnte wirklich nicht schöner sein!
What a very nice day this is! wɔt ə ˈveri naiß däi ðiß is	Was für ein wunderschöner Tag heute doch ist!

We don't get too many days like this in Germany*. wi dount get tuh ˈmeni däis laik ðiß in ˈdschömǝni

Wir haben in Deutschland nicht allzu viele solcher Tage.

… oder doch als eher unangenehm:

It's very close today. itß ˈveri klouß tǝˈdäi

Es ist sehr schwül heute.

I can't take it any more! ai kahnt täik it ˈeni mɔ

Ich halt's nicht mehr aus!

Is it like this in Germany at times, too? is it laik ðiß in ˈdschömǝni ät taims tuh

Ist es manchmal in Deutschland auch so?

It's not very nice today, but we can't help** it! itß nɔt ˈveri naiß tǝˈdäi, bat wi kahnt help it

Es ist nicht sehr schön heute, aber wir können nichts daran ändern!

KULTURTIPP

Das britische Wetter ist recht wechselhaft, sodass Sie besser an einen Regenschirm denken sollten. Allerdings ist es manchmal auch verblüffend, wie viele Male an einem einzigen Tag das Wetter umschlagen kann – so wird der Blick zum Himmel wenigstens nie langweilig!

---

* **Austria** ˈɔßtriǝ
  Switzerland ˈßwitßǝlǝnd
** Achtung feste Wendung:
  can't help it kahnt help it

Österreich
die Schweiz

nichts ändern/dafür können

In Germany* there's not that much … at present.
in ˈdschömɘni ðeɘs nɔt ðät matsch … ät ˈpresɘnt

In Deutschland gibt es momentan nicht so viel …

In Germany we have much more … at this time.
in ˈdschömɘni wi häv matsch mɔ … ät ðiß taim

In Deutschland gibt es um diese Zeit viel mehr …

In Germany there's more … most of the time. in ˈdschömɘni ðeɘs mɔ … moust ɔv ðɘ taim

In Deutschland gibt es meistens mehr …

rain
räin

sun
ßan

And there could be some more of it tomorrow! änd ðeɘ kud bi ßam mɔr ɔv it tɘˈmɔrou

Und morgen kriegen wir vielleicht noch mehr davon!

Well, it's one of those things!
wel itß wan ɔv ðous θings

Nun, da kann man halt nichts machen!

---

* **Austria** ˈɔßtriɘ
  Switzerland ˈßwitßɘlɘnd

Österreich
die Schweiz

Doch auch beim Wetter lässt sich über Geschmack bekanntlich streiten:

Well, I like it that way!
wel ai laik it ðät wäi

Also <u>ich</u> mag es so!

Komplimente und Lob

Wer würde sich nicht ab und zu über ein kleines Kompliment freuen? So geht's auf Englisch:

You're looking very well today.
juə ˈluking ˈveri wel təˈdäi

Sie sehen heute sehr gesund aus.

You're looking very good today.
juə ˈluking ˈveri gud təˈdäi

Sie sehen heute sehr gut aus.

That looks very good on you.
ðät lukß ˈveri gud ɔn ju

Das steht Ihnen sehr gut.

You're looking your best today!
juə ˈluking jɔ beßt təˈdäi

Sie sehen heute besonders gut aus!

That thing/… looks very good on you. ðät θing/… lukß ˈveri gud ɔn ju

Diese Sache/etc. steht Ihnen sehr gut.

dress
dreß

skirt
ßköht

tie
tai

shirt
schöht

SPRACHTIPP

Scheuen Sie sich nicht, für unbekannte Dinge/Wörter einfach *thing* zu sagen und gegebenenfalls durch eine Geste das Gemeinte zu verdeutlichen – Ihr Gesprächspartner wird Ihnen weiterhelfen und Ihr Wortschatz wird so noch größer.

You have a nice way. ju häv ə naiß wäi

Sie haben eine angenehme Art.

I get on very well with you all the time. ai get ɔn ˈveri wel wiδ ju ɔl δə taim

Ich komme immer prima mit Ihnen aus.

That's very good, isn't it? δätß ˈveri gud isnt it

Das ist sehr gut, nicht wahr?

So können Sie den Besitzern einer Sache eine Freude machen:

That's the thing I like, too. δätß δə θing ai laik tuh

So was gefällt mir auch gut!

That's the very thing I go for*! δätß δə ˈveri θing ai gou fɔ

Das ist genau das, worauf ich stehe!

That one I wouldn't give away – not for anything. δät wan ai wudnt giv əˈwäi – nɔt fɔ ˈeniθing

Das da würde ich um keinen Preis hergeben!

---

* Achtung feste Wendung:
  go for gou fɔ   stehen auf

Oder Sie sagen etwas Nettes über die Fähigkeiten einer Person:

You have what it takes!
ju häv wɔt it täiks

Sie haben das Zeug dazu!

You did your best.
ju did jɔ beßt

Sie haben Ihr Bestes
gegeben.

Die Adjektive *nice* und *good* lassen sich auf fast alles anwenden,
was man Ihnen vielleicht stolz zeigt oder vorführt:

How nice! hau naiß

Wie schön!

Now <u>that</u> looks very nice!
nau ðät lukß ˈveri naiß

<u>Das</u> sieht aber klasse aus!

What a nice thing!
wɔt ə naiß θing

Was für eine schöne
Sache!

That's a very nice room/…!
ðätß ə ˈveri naiß ruhm

Das ist aber ein sehr
schönes Zimmer/etc.!

dress
dreß

car
kah

dog
dɔg

cat
kät

caravan
ˈkärəvän

beach
bihtsch

city
ˈßiti

church
tschöhtsch

These are very good drinks.
ðihs ah ˈveri gud drinkß
Where can I get these drinks?
weə kän ai get ðihs drinkß

Das sind sehr gute
Drinks.
Wo kann ich solche Drinks
bekommen?

This drink is very good.
ðiß drink is ˈveri gud

Dieses Getränk/
Dieser Drink ist sehr gut.

This meal/… is very good.
ðiß mihl/… is ˈveri gud

Dieses Essen/etc. ist sehr
gut.

hotel
houˈtel

tent
tent

map
mäp

chocolate
ˈtschɔkələt

Unterkunft

Zimmersuche

So können Sie sich nach einer Unterkunft erkundigen:

I'm looking for a room.   Ich suche ein Zimmer.
aim ˈluking fɔ ə ruhm

We're looking for a room.   Wir suchen ein Zimmer.
wiə ˈluking fɔ ə ruhm

I don't have a bed for the night.   Ich habe noch keine
ai dount häv ə bed fɔ ðə nait   Unterkunft für diese Nacht.

We need a room somewhere   Wir brauchen ein Zimmer
nearby. wi nihd ə ruhm   irgendwo in der Nähe.
ˈßamweə ˈniəbai

You can't help us, I see.   Ich verstehe, Sie können
ju kanht help aß ai ßih   uns nicht weiterhelfen.

Well, is there a …   Gibt es ein …
where we could go to?   an das wir uns wenden
wel is θer ə … weə wi kud gou tə   könnten?

tourist office
ˈtuərist ˈɔfiß

And how do we get there,   Und wie kommen wir dort
please? änd hau du wi get ðeə plihs hin, bitte?

Could you please show us how to get there? kud ju plihs schou aß hau tɔ get ðeə

Könnten Sie uns bitte zeigen, wie man dort hin kommt?

When does it open? wen das it ˈoupən

Wann macht es auf?

What are the opening times? wɔt ah ði ˈoupəning taims

Wann sind seine Öffnungszeiten?

Thanks very much for your help. θänkß ˈveri matsch fɔ jɔ help

Vielen Dank für Ihre Hilfe.

You helped us very much – thank you. ju helpt aß ˈveri matsch – θänk ju

Sie haben uns sehr geholfen – vielen Dank!

Wenn Sie dann im Fremdenverkehrsamt sind, können Sie fragen:

Is there a … near here? is ðer ə … niə hiə

Gibt es hier in der Nähe ein/eine/einen …?

Where is the nearest …, please? weər is ðə ˈniərißt … plihs

Wo ist das/die/der nächste …?

Is there a nearby …? is ðer ə ˈniəbai

Gibt es in der Nähe ein/eine/einen …?

hotel
houˈtel

bed and breakfast
bed änd ˈbrekfəst

campground
ˈkämpgraund

Do you have a …?
du ju häv ä

Haben Sie einen ...?

street map
ßtriht mäp

**Could you show me the way
on it, please?** kud ju schou mi
ðə wäi ɔn it plihs

Könnten Sie mir darauf
bitte den Weg zeigen?

**Can I take it with me,
please?**
kän ai täik it wið mi plihs

Kann ich ihn bitte
mitnehmen?

KULTURTIPP

Mit _Bed_ and _Breakfast_ („Bett und Frühstück") bezeichnet
man die erschwingliche Unterkunft in einem Privathaushalt,
inklusive einem meist üppigen englischen Frühstück. Sie
erkennen diese am Schild „B&B" bzw. „Vacancies" (Zimmer
frei), das an den Häuserfronten hängt. Wenn Ihnen ein Haus
von außen zusagt, lassen Sie sich ruhig das Zimmer zeigen
– Sie verpflichten sich dadurch zu nichts. Der Aufenthalt in
einem B&B bietet die Gelegenheit, die britische Lebensart
aus erster Hand kennen zu lernen.

Da Hotels in Großbritannien teilweise sehr hohe Zimmerpreise verlangen, empfiehlt es sich, Überraschungen vorzubeugen:

I need a room that's not too expensive, please. ai nihd ə ruhm ðätß nɔt tuh ix¹pensiv plihs	Ich brauche ein Zimmer, das nicht zu teuer ist.
I would like to pay … at most for one night. ai wud laik tɔ päi … ät moust fɔ wan nait	Ich möchte höchstens … pro Nacht zahlen.

DIE ZAHLEN finden Sie auf Seite 121.

We can't pay any more for one night. wi kahnt päi ¹eni mɔ fɔ wan nait	Mehr können wir für eine Nacht nicht ausgeben.
I can't pay more. ai kahnt päi mɔ	Mehr kann ich nicht bezahlen.
We could pay more, but we don't want to. wi kud päi mɔ, bat wi dount wɔnt tə	Wir könnten zwar mehr bezahlen, aber wir wollen nicht.
There is no need to pay that much for a room. ðər is nou nihd tə päi ðät matsch fɔ ə ruhm	So viel braucht man für ein Zimmer einfach nicht zu zahlen.
That's the way I see it. ðätß ðə wäi ai ßih it	Das ist meine Meinung dazu.

An der Rezeption

Vielleicht haben Sie bereits im Voraus ein Zimmer reserviert:

You have a room for me.
ju häv ə ruhm fɔ mi

Für mich ist bei Ihnen ein Zimmer vorbestellt.

You have a room for us.
ju häv ə ruhm fɔ aß

Für uns ist bei Ihnen ein Zimmer reserviert.

It's in the name of ... [Ihr Name].
itß in ðə näim ɔv

Es ist auf den Namen ...

We're from Germany*.
wiə frɔm ˈdschöməni

Wir sind aus Deutschland.

Which room do we have?
witsch ruhm du wi häv

Welches Zimmer haben wir?

Auch ohne Reservierung lässt sich aber hoffentlich etwas finden:

We would like a room with one bed, please. wi wud laik ə ruhm wið wan bed plihs

Wir hätten gerne ein Zimmer mit einem Bett.

Is it a large bed?
is it ə lahdsch bed

Ist es ein großes Bett?

It has to be a large bed.
it häs tu bi ə lahdsch bed

Es muss ein großes Bett sein.

We better take a room with two beds, please.
wɪ ˈbetə tălk ə rulɪm wið tuh beds plihs

Wir nehmen dann besser ein Zweibettzimmer.

---

* **Austria** ˈɔßtriə

Switzerland ˈßwitßələnd

Österreich
die Schweiz

KULTURTIPP

Gewöhnliche Doppelbetten (*double beds*) fallen in Großbritannien oft etwas klein aus. Viele Hotels und Pensionen bieten jedoch auch Zimmer mit zwei Einzelbetten an – diese nennt man auch *twin beds* (*twin* heißt eigentlich „Zwilling"). Meistens fragt man Sie schon bei der Buchung, welche Variante Sie bevorzugen.

We would like two rooms, please. wi wud laik tuh ruhms plihs

Wir hätten gerne zwei Zimmer.

We need the rooms for one night. wi nihd ðə ruhms fɔ wan nait

Wir hätten die Zimmer gerne für eine Nacht.

I need the room for one night. ai nihd ðə ruhm fɔ wan nait

Ich hätte das Zimmer gern für eine Nacht.

I would like a large room for one night, please. ai wud laik ə lahdsch ruhm fɔ wan nait plihs

Ich hätte gerne ein großes Zimmer für eine Nacht.

We need the rooms right now. wi nihd ðə ruhms rait nau
Are the rooms ready for us? ah ðə ruhms ˈredi fɔ aß

Wir brauchen die Zimmer sofort.
Sind die Zimmer schon für uns gerichtet?

Isn't my room ready for me? isnt mai ruhm ˈredi fɔ mi
I need it right now, please. ai nihd it rait nau plihs

Ist mein Zimmer noch nicht fertig?
Ich brauche es sofort.

I need the room for two nights. ai nihd ðə ruhm fɔ tuh naitß

Ich brauche das Zimmer für zwei Nächte.

**We are going to be here for ...
nights.** wi ah ˈgouing tə bi
hiə fɔ ... naitß

Wir werden ... Nächte hier
bleiben.

**I'm going to be here
for ... nights.** aim ˈgouing tə
bi hiə fɔ ... naitß

Ich werde ... Nächte
bleiben.

DIE ZAHLEN finden Sie auf Seite 121.

**Can we get this room for
another night?** kän wi get ðiß
ruhm fɔ əˈnaðə nait
Is that all right with you?
is ðät ɔl rait wið ju

Können wir dieses Zimmer
für eine weitere Nacht
bekommen?
Ist das in Ordnung?

**Could I get this room for
another night?** kud ai get ðiß
ruhm fɔ əˈnaðə nait
**I have to see how I like
it here.** ai häv tə ßih hau ai
laik it hiə

Könnte ich dieses Zimmer
für eine weitere Nacht
bekommen?
Ich will erst schauen,
wie es mir hier gefällt.

Ausstattung und Extras

So können Sie sich genauer nach den Zimmern erkundigen
bzw. spezifische Wünsche anbringen:

**How many rooms do you have
in all?** hau ˈmeni ruhms du ju
häv in ɔl

Wie viele Zimmer haben
Sie insgesamt?

How many rooms are there?
hau ˈmeni ruhms ah ðeə

Wie viele Zimmer gibt es?

63

Can we get a very nice room, please? kän wi get ə ˈveri naiß ruhm plihs

Können wir bitte ein sehr schönes Zimmer haben?

We would like the nicest room that you have. wi wud laik ðə ˈnaißißt ruhm ðät ju häv

Wir hätten gerne das schönste Zimmer, das Sie haben.

We need a large room. wi nihd ə lahdsch ruhm

Wir brauchen ein großes Zimmer.

I need a small room. ai nihd ə smɔl ruhm

Ich brauche ein kleines Zimmer.

Which is the best room you have right now? witsch is ðə beßt ruhm ju häv rait nau

Welches Zimmer ist das beste, das Sie zurzeit haben?

Do you have larger and smaller rooms at all? du ju häv ˈlahdschə änd ˈsmɔlə ruhms ät ɔl

Haben Sie überhaupt kleinere und größere Zimmer?

What can we see from our room? wɔt kän wi ßih frɔm ˈauə ruhm

Was können wir von unserem Zimmer aus sehen?

We would like to look at the … from our room, please. wi wud laik tə luk ät ðə … frɔm ˈauə ruhm plihs

Wir möchten gerne das/den/die … von unserem Zimmer aus sehen.

sea
ßih

beach
bihtsch

church
tschöhtsch

Does the room have a ...?
das ðə ruhm häv ə

Hat das Zimmer
eine/einen ...?

shower	**bath**	**toilet**	**TV**
ˈschauə	bahθ	ˈtoilət	tihˈvih

KULTURTIPP

Wundern Sie sich nicht: In den Bädern vieler Hotels sind die Armaturen oft noch etwas altmodisch, z. B. mit getrennten Wasserhähnen für warmes und kaltes Wasser. Dafür ist das Wasser, das aus dem Wasserhahn mit der Aufschrift *Hot* kommt, manchmal wirklich fast kochend heiß. Der Wasserdruck ist dagegen eher niedrig.

Can we take our meals here, too? kän wi täik ˈauə mihls hiə tuh

Können wir hier auch essen?

Any way you please.
ˈeni wäi ju plihs

Ganz wie Sie möchten.

Do I pay more for the meals?
du ai päi mɔ fɔ ðə mihls

Kosten die Mahlzeiten extra?

How much is one meal?
hau matsch is wan mihl

Wie viel kostet eine Mahlzeit?

When are the mealtimes?
wen ah ðə ˈmihltaims

Wann sind die Essenszeiten?

Are there fixed mealtimes at all?
ah ðeə fixt ˈmihltaims ät ɔl

Gibt es überhaupt feste Essenszeiten?

Where do we have our meals?
weə du wi häv ˈauə mihls

Wo nehmen wir die Mahlzeiten ein?

I can show you where.
ai kän schou ju weə

Ich kann Ihnen zeigen, wo.

This way, please.
ðiß wäi plihs

Hier entlang, bitte.

Vielleicht möchten Sie sich das Zimmer vorher anschauen:

Can we see the room, please?
kän wi ßih ðə ruhm plihs

Können wir das Zimmer sehen?

Could you please show me the room? kud ju plihs schou mi ðə ruhm

Könnten Sie mir bitte das Zimmer zeigen?

I'm sorry, but I need to have a look at the room.
aim ˈßɔri bat ai nihd tə häv ə luk ät ðə ruhm

Tut mir leid, aber ich muss mir das Zimmer ansehen.

This room is much too large for me. ðiß ruhm is matsch tuh lahdsch fɔ mi

Dieses Zimmer ist viel zu groß für mich.

Don't you have a smaller one?
dount ju häv ə ˈsmɔlə wan

Haben Sie kein kleineres?

Do you have any better rooms?
du ju häv ˈeni ˈbetə ruhms

Haben Sie irgendwelche besseren Zimmer?

Isn't the room ready by now?
isnt ðə ruhm ˈredi bai nau

Ist das Zimmer noch nicht fertig?

Zimmerpreise

So fragen Sie nach dem Preis für das Zimmer sowie die Extras:

How much is this room for one night? hau matsch is ðiß ruhm fɔ wan nait
Wie viel kostet dieses Zimmer für eine Nacht?

And how much are two nights? änd hau matsch ah tuh naitß
Und wie viel kosten zwei Nächte?

That's expensive. ðätß ixᶦpensiv
Das ist teuer.

My! That's very expensive! mai! ðätß ᶦveri ixᶦpensiv
Meine Güte! Das ist sehr teuer!
Is it that much for many nights, too? is it ðät matsch fɔ ᶦmeni naitß tuh
Ist es für viele Nächte genauso teuer?

How much is a room that is not that nice? hau matsch is ə ruhm ðät is nɔt ðät naiß
Wie viel kostet ein Zimmer, das nicht so schön ist?

You see, the room doesn't have to be that nice. ju ßih ðə ruhm dasnt häv tə bi ðät naiß
Wissen Sie, das Zimmer muss auch gar nicht so schön sein.

Don't you have any other rooms? dount ju häv ˈeni ˈaðə ruhms

Haben Sie keine anderen Zimmer?

Aren't there any smaller rooms? ah ðeə ˈeni ˈsmɔlə ruhms

Gibt es keine kleineren Zimmer?

How much are the drinks in my room? hau matsch ah ðə drinkß in mai ruhm

Was kosten die Getränke in meinem Zimmer?

How much do I pay for calls from my room? hau matsch du ai päi fɔ kɔhls frɔm mai ruhm

Wie viel zahle ich für Telefongespräche aus meinem Zimmer?

Entscheidung

Vielleicht haben Sie das gefunden, was Sie suchen:

Yes, we like this room very much. jeß wi laik ðiß ruhm ˈveri matsch **We're going to take it.** wiə ˈgouing tə täik it

Ja, uns gefällt dieses Zimmer sehr gut. Wir nehmen es.

I'm very pleased with this room. aim ˈveri plihsd wið ðiß ruhm **Can I take it right away?** kän ai täik it rait əˈwäi

Ich bin sehr zufrieden mit diesem Zimmer. Kann ich es sofort nehmen?

All right, we want to go for this room. ɔl rait wi wɔnt tə gou fɔ ðiß ruhm

Gut, wir möchten dieses Zimmer nehmen.

… oder Sie müssen sich noch ein bisschen umschauen:

Your rooms are too expensive, sorry. jɔ ruhms ah tuh ixˈpensiv ˈßɔri

Danke, aber Ihre Zimmer sind zu teuer.

Thank you, but we are looking for a nicer room. θänk ju bat wi ah ˈluking fɔ ə ˈnaißə ruhm

Danke, aber wir suchen ein schöneres Zimmer.

No, I don't want to take the room, thank you. nou ai dount wɔnt tə täik ðə ruhm θänk ju

Nein, ich möchte das Zimmer nicht, danke.

We have to go on looking for a room. wi häv tə gou ɔn ˈluking fɔ ə ruhm

Wir müssen doch weiter nach einem Zimmer suchen.

Well, thanks for your help. wel θänkß fɔ jɔ help

Also, danke für Ihre Hilfe.

But thank you for showing us the rooms. bat θänk ju fɔ ˈschouing aß ðə ruhms

Aber danke, dass Sie uns die Zimmer gezeigt haben.

Thanks for giving us your time. θänkß fɔ ˈgiving aß jɔ taim

Danke, dass Sie sich die Zeit genommen haben.

Service

Vielleicht hat man einen Anruf für Sie entgegengenommen:

Excuse me, I have a call for you here. ixˈkjuhs mi ai häv ə kɔhl fɔ ju hiə

Entschuldigen Sie, ich habe hier ein Gespräch für Sie.

Excuse me, someone called for you. ixˈkjuhs mi ˈßamwan kɔhld fɔ ju

Entschuldigung, jemand hat für Sie angerufen.

There was a call for you from Germany. ðeə wɔs ə kɔhl fɔ ju frɔm ˈdschömeni

Sie hatten einen Anruf aus Deutschland.

Oder Sie möchten sich wecken lassen:

Could you give us a call in the morning, please? kud ju giv aß ə kɔhl in ðə ˈmɔhning plihs

Können Sie uns bitte morgens telefonisch wecken?

At what time? ät wɔt taim

Um wie viel Uhr?

At break of day, please. ät bräik ɔv däi plihs

Bei Tagesanbruch, bitte.

At …, please. ät … plihs

Bitte um … Uhr.

DIE ZAHLEN finden Sie auf Seite 121.

Oder brauchen Sie noch etwas Bestimmtes?

We need another bed/…, please. wi nihd əˈnaðə bed/… plihs

Wir brauchen bitte ein zusätzliches Bett/etc.

bar of soap
bar ɔv ßoup

hairdryer
ˈheədraiə

towel
ˈtauəl

hanger
ˈhängə

Could you get one for us? kud ju get wan fɔr aß

Können Sie uns bitte eines/einen holen?

Could I have ..., please?
kud ai häv … plihs

Könnte ich bitte … haben?

an iron

än ˈaiən

a sewing kit

ə ˈßouing kit

some shampoo
ßam schämˈpuh

some matches
ßam ˈmätschis

Oder Sie sind vielleicht hungrig oder durstig:

Can we get something to drink in here? kän wi get ˈßamθing tə drink in hiə

Können wir hier drin etwas zu trinken bekommen?

Where can we get something to drink at this time?
weə kän wi get ˈßamθing tə drink ät ðiß taim

Wo kriegen wir um diese Zeit noch etwas zu trinken?

Where can I get something to eat at this time of night?
weə kän ai get ˈßamθing tə iht ät ðiß taim ɔv nait

Wo kann ich zu dieser späten Stunde noch etwas zu essen kriegen?

Where is the nearest takeaway/ ..., please? weə is ðə ˈniərißt ˈtäikəwäi plihs

Wo ist hier bitte das nächste Restaurant mit Straßenverkauf/etc.?

restaurant
ˈreßtərɔnt

bar
bah

café
käˈfäi

supermarket
ˈßuhpəmahkit

When is it open? wen is it ˈoupən

Wann hat es/sie/er geöffnet?

Is it open now? is it ˈoupən nau

Ist es/sie/er jetzt offen?

Can we get a takeaway meal anywhere near? kän wi get ə ˈtäikəwäi mihl ˈeniweə niə

Können wir irgendwo in der Nähe ein Essen zum Mitnehmen bekommen?

Yes, there is a takeaway close by. jeß ðer is ə ˈtäikəwäi klouß bai

Ja, ein Restaurant mit Straßenverkauf ist hier in der Nähe.

Beschwerden

Falls Ihre Zimmernachbarn sich einmal daneben benehmen sollten, können Sie sich so darüber beschweren:

There's something going on in the room next to us. ðeəs ˈßamθing ˈgouing ɔn in ðə ruhm next tə aß

Im Zimmer neben uns ist irgendwas los.

We want to go to bed now. wi wɔnt tə gou tə bed nau
But like this there's no way we can. bat laik ðiß ðeəs nou wäi wi kän

Wir wollen jetzt schlafen gehen.
Aber so ist das auf gar keinen Fall möglich!

There's too much going on in the room next to us. ðeəs tuh matsch ˈgouing ɔn in ðə ruhm next tə aß

Im Zimmer neben uns ist zu viel los.

But we're ready for bed! bat wiə ˈredi fɔ bed

Aber wir sind bettreif!

There's no way we're going to take this. ðeəs nou wäi wiə ˈgouing tə täik ðiß

Wir können das einfach nicht hinnehmen.

We're here to take a break!
wiə hiə tə täik ə bräik

Wir sind hier um
auszuspannen!

**Would you please see
to it* that this doesn't go on!**
wud ju plihs ßih tə it ðät ðiß
dasnt gou ɔn

Würden Sie bitte dafür
sorgen, dass das
aufhört!

Vielleicht hilft nur noch der Umzug in ein anderes Zimmer:

I need to have another room!
ai nihd to häv ə'naðə ruhm

Ich brauche ein anderes
Zimmer!

For the time being I don't have
another room for you.**
fɔ ðə taim 'biing ai dount häv
ə'naðə ruhm fɔ ju

Vorläufig habe ich kein
anderes Zimmer für Sie.

**But you are going to get
another room when I have one.**
bat ju ah 'gouing tə get ə'naðə
ruhm wen ai häv wan

Aber Sie werden ein
anderes Zimmer kriegen,
wenn ich eines habe.

SPRACHTIPP

Hier sehen Sie noch einmal, wie man etwas in der Zukunft
ausdrücken kann: Man nehme die passende Form von *be*
(hier also *are*) plus der festen Form *going to* gefolgt von einem Verb, also *You are going to get another room* (Sie werden ein anderes Zimmer bekommen.).

---

* Achtung feste Wendung:
   see to it ßih tə it   dafür sorgen
** Achtung feste Wendung:
   for the time being fɔ ðə taim 'biing   vorläufig

Manchmal ist auch der Zimmerservice etwas zu langsam:

**Our room is not ready,
but we need it now.** ˡauə ruhm
is nɔt ˡredi, bat wi nihd it nau

Unser Zimmer ist noch
nicht gemacht, aber wir
brauchen es jetzt.

My room is not ready.
mai ruhm is nɔt ˡredi

Mein Zimmer ist noch nicht
gemacht.

We don't have much time.
wi dount häv matsch taim

Wir haben nur wenig Zeit.

Please get our room ready now.
plihs get ˡauə ruhm ˡredi nau

Bitte machen Sie unser
Zimmer jetzt fertig.

Oder etwas in Ihrem Zimmer hat den Geist aufgegeben:

**Sorry, but the bed/... in our
room is broken.** ˡßɔri bat ðə bed/
... in ˡauə ruhm is ˡbroukən

Entschuldigung, aber
in unserem Zimmer ist
das Bett/etc. kaputt.

TV
tihˡvih

radiator
ˡräidiätə

tap
täp

bulb
balb

Can you fix it right now, please?
kän ju fix it rait nau plihs

Können Sie es bitte sofort
reparieren?

Don't you have anyone to fix it?
dount ju häv ˡeniwan tə fix it

Haben Sie nicht jemanden,
der das reparieren kann?

**Don't you have anything to fix it
with?** dount ju häv ˡeniθing tə
fix it wið

Haben Sie nichts, mit dem
man es reparieren kann?

When is it going to be ready?
wen is it ˡgouing tə bi ˡredi

Wann wird es fertig sein?

Urlaubsaktivitäten

Von A nach B kommen

Egal, was Sie unternehmen möchten, Sie werden dabei immer einiges an (unbekannten) Wegen zurücklegen müssen:

**Which way do I take to get to …
[Ziel], please?** witsch wäi du ai
täik tə get tə … plihs

Wie komme ich bitte
nach …?

Is this the best way to get there?
is ðiß ðə beßt wäi tə get ðeə

Ist das der beste Weg,
dorthin zu gelangen?

**Excuse me, is this the right way
to … [Ziel]?** ixˡkjuhs mi is ðiß ðə
rait wäi tə

Entschuldigung, bin ich
hier richtig nach …?

**Excuse me, which way from here
is … [Ziel]?** ixˡkjuhs mi witsch
wäi frɔm hiə is

Entschuldigung, in welcher
Richtung von hier aus
liegt …?

Can we go by …?
kän wi gou bai

Können wir mit dem/der
… fahren?

 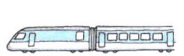

bus	**underground**	**train**	**tram**
baß	ˡandəgraund	träin	träm

And can we get one nearby?
änd kän wi get wan ˡniəbai

Und können wir hier in der
Nähe einsteigen?

**When is the next … to … [Ziel],
please?** wen is ðə next … tə …
plihs

Wann fährt der/die
nächste … nach …, bitte?

And is it mostly on time?
änd is it ˈmoustli ɔn taim

Und ist er/sie größtenteils
pünktlich?

SPRACHTIPP

Lassen Sie sich von der Übersetzung „er/sie" für *it* nicht
verwirren: Auf Englisch spricht man von den direkt davor
genannten Fahrzeugen *bus* und *train* etc. als *it,* sieht sie
also als sächlich an (auch wenn die englischen Substantive
kein explizites Geschlecht haben). Anders ist es im Deutschen, wo man fragt „Ist er (nämlich <u>der</u> Bus) oder sie (<u>die</u>
U-Bahn) pünktlich?".

Have you got the time, please?
häv ju gɔt ðə taim plihs

Wie viel Uhr ist es bitte?

**And how much time does it take
to get there?** änd hau matsch
taim das it täik tə get ðeə

Und wie lange dauert es,
bis man dort ist?

Shopping

So können Sie das passende Geschäft für Ihre Einkaufswünsche
finden:

**Excuse me, where is the nearest
..., please?** ixˈkjuhs mi weə is ðə
ˈniərißt ... plihs

Verzeihung, wo ist bitte
das/der nächste ...?

department store
diˈpahtmənt ßtɔ

jeweller
ˈdschuələ

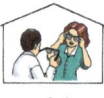

optician
ɔpˈtischn

Excuse me, can I get presents/... anywhere near?
ixˈkjuhs mi kän ai get ˈpresəntß/... ˈeniweə niə

Entschuldigung, bekomme ich irgendwo hier in der Nähe Geschenke/etc.?

clothes
klouðs

newspapers
ˈnjuhspäipəs

films
films

flowers
ˈflouəs

shoes
schuhs

cigarettes
ßigəˈretß

chocolate
ˈtschɔklət

toothpaste
ˈtuhθpäißt

Dann müssen Sie natürlich noch die Öffnungszeiten kennen:

When are you open?
wen ah ju ˈoupən

Wann haben Sie geöffnet?

Are you open on ...?
ah ju ˈoupən ɔn

Haben Sie am ... offen?

DIE WOCHENTAGE finden Sie auf Seite 122.

KULTURTIPP

Gesetzliche Feiertage sind in Großbritannien die folgenden Tage: Neujahr, Karfreitag, Ostermontag, 1. und 2. Weihnachtstag sowie jedes Jahr auch der erste und letzte Montag im Mai und der letzte Montag im August.

What time do you close?
wɔt taim du ju klous

Um wie viel Uhr
schließen Sie?

Which day are you closed?
witsch däi ah ju klousd

An welchem Tag haben Sie
Ruhetag?

Und nun begleiten wir Sie bei einem Einkaufsbummel durch die Welt der Mode:

What size is this, please?
wɔt ßais is ðiß plihs

Welche Größe ist das bitte?

What size do you take?
wɔt ßais du ju täik

Welche Größe haben Sie?

With most things I take size ...
wið moust θings ai täik ßais

Bei den meisten Sachen
habe ich Größe ....

**Most of the time I can
take size ...** moust ɔv ðə taim ai
kän täik ßais

Meistens passt mir
Größe ...

DIE ZAHLEN finden Sie auf Seite 121.

But this could be all right for me.
bat ðiß kud bi ɔl rait fɔ mi

Das könnte mir aber passen.

Well, we're going to see.
wel wiə ˈgouing tə ßih

Nun, das werden wir sehen.

Now, is this size all right for you? nau is ðiß ßais ɔl rait fɔ ju

Und, passt Ihnen diese Größe?

No, this is too large for me.
nou ðiß is tuh lahdsch fɔ mi

Nein, das ist mir zu groß.

Do you have it one size smaller, too? du ju häv it wan ßais ˈsmɔlə tuh

Haben Sie es auch eine Größe kleiner?

This is too small for me.
ðiß is tuh smɔl fɔ mi

Das ist mir zu klein.

Do you have it one size larger, too? du ju häv it wan ßais ˈlahdschə tuh

Haben Sie es auch eine Größe größer?

KULTURTIPP

Falls einmal die entsprechenden deutschen Größen nicht angegeben sein sollten: Die englische Größe 10 entspricht ungefähr der deutschen Größe 36, die englische Größe 12 der deutschen 38 usw.

Good! That goes with my other things. gud ðät gous wið mai ˈaðə θings

Prima! Das passt zu meinen anderen Sachen!

It goes very well with all the things I have. it gous ˈveri wel wið ɔl ðə θings ai häv

Es passt sehr gut zu allen Sachen, die ich habe.

I don't want it in another size, thank you. ai dount wɔnt it in əˈnaðə ßais θänk ju

Danke, ich möchte es nicht in einer anderen Größe.

It's no good getting it in my size. itß nou gud ˈgeting it in mai ßais **It's not me.** itß nɔt mi

Es bringt nichts, das in meiner Größe zu holen. Das steht mir nicht.

Do you have something like this one here? du ju häv ˈßamθing laik ðiß wan hiə

Haben Sie etwas in der Art wie das hier?

Do you have something like this, but better? du ju häv ˈßamθing laik ðiß bat ˈbetə

Haben Sie etwas Ähnliches, aber in besserer Qualität?

Does this one look good on me? das ðiß wan luk gud ɔn mi

Steht mir dieses da?

It looks very good on you! it lukß ˈveri gud ɔn ju

Es steht Ihnen sehr gut!

Does this one look better on me? das ðiß wan luk ˈbetə ɔn mi

Steht mir das da besser?

That's the very thing I was looking for! ðätß ðə ˈveri θing ai wɔs ˈluking fɔ

Das ist ganz genau das, was ich gesucht habe!

That's the very thing! ðätß ðə ˈveri θing

Genau das ist es!

What a good thing that I can get it here. wɔt ə gud θing ðät ai kän get it hiə

Wie gut, dass ich das hier bekomme.

That's very in right now, isn't it? ðätß ˈveri in rait nau isnt it

Das ist gerade groß in Mode, oder?

You have very nice things here. Sie haben hier sehr schöne
ju häv ˈveri naiß θings hiə Sachen.

Vielleicht möchten Sie Freunden und Bekannten zu Hause mit für
Großbritannien typischen Souvenirs eine Freude machen:

Is it all right for me to take this? Darf ich das hier mal
is it ɔl rait fɔ mi tə täik ðiß in die Hand nehmen?

What is this thing good for? Wozu benutzt man
wɔt is ðiß θing gud fɔ diesen Gegenstand?

Are these things from anywhere Stammen diese Sachen
near here? ah ðihs θings frɔm aus der Gegend hier?
ˈeniweə niə hiə

I need a nice, but not very Ich brauche ein hübsches,
expensive present, please. aber nicht so teures
ai nihd ə naiß, bat nɔt ˈveri Geschenk.
ixˈpensiv ˈpresənt plihs

I'm looking for a very nice Ich suche ein sehr schönes
present. aim ˈluking fɔ ə ˈveri Geschenk.
naiß ˈpresənt
It can be expensive, Es kann auch teuer
too. it kän bi ixˈpensiv tuh sein.

KULTURTIPP

Als typisches Souvenir aus Großbritannien gilt zum einen
Verzehrbares wie Tee, Marmelade, Kekse, Mürbegebäck
(*shortbread*) und Schokolade – und natürlich auch der
Whisky. Außerdem eignen sich hochwertige Kleidungs-
stücke aus Schurwolle oder die berühmten wetterfesten
Wachsjacken als Mitbringsel – allerdings nur bei einem etwas größeren Budget.

Unterhaltung

What are we going to do next? wɔt ah wi gouing tə du next	Und was machen wir jetzt?
I would like to see a very good show. ai wud laik tə ßih ə ˈveri gud schou	Ich würde gerne eine tolle Show sehen.
What is the best show that is on? wɔt is ðə beßt schou ðät is ɔn	Welches ist die beste Show, die gerade läuft?
What's this show like? wɔtß ðiß schou laik	Wie ist diese Show so?
Can I get tickets for this show here? kän ai get ˈtikətß fɔ ðiß schou hiə	Kann ich hier Karten für diese Show bekommen?
I need some very good tickets, please. ai nihd ßam ˈveri gud ˈtikətß plihs	Ich brauche ein paar sehr gute Eintrittskarten.
How much are the best tickets you have got? hau matsch ah ðə beßt ˈtikətß ju häv gɔt	Was kosten die besten Karten, die Sie da haben?
When does the show start? wen das ðə schou ßtaht	Wann geht die Vorstellung los?
And what time do we have to be there? änd wɔt taim du wi häv tə bi ðeə	Und wann müssen wir dort sein?

KULTURTIPP

In fast allen größeren Städten gibt es Veranstaltungskalender, die Sie im Hotel oder am Kiosk bekommen können. In London heißt einer von diesen *Time out*.

Essen gehen

Wenn Sie essen gehen möchten, stellt sich zunächst die Frage nach der Essenszeit:

When would you like to eat something? wen wud ju laik tə iht ˈßamθing	Wann möchten Sie gerne etwas essen?
When are we having our next meal? wen ah wi ˈhäving ˈauə next mihl	Wann nehmen wir unsere nächste Mahlzeit ein?
At what time do you eat in the evenings? ät wɔt taim du ju iht in ði ˈihvnings	Um welche Zeit essen Sie immer zu Abend?
In Germany* we don't eat that late. in ˈdschöməni wi dount iht ät läit	In Deutschland essen wir nicht so spät.
In Germany we eat later in the evening. in ˈdschöməni wi iht ˈläitə in ði ˈihvning	In Deutschland essen wir erst später am Abend.

---

* **Austria** ˈɔßtriə   Österreich
  Switzerland ˈßwitßələnd   die Schweiz

Can we get something to eat right now? kän wi get ˈßamθing tə iht rait nau

Können wir sofort etwas zu essen bekommen?

… und dann natürlich nach dem Was und dem Wie viel:

What would you like to eat? wɔt wud ju laik tə iht

Was möchten Sie gerne essen?

What can I get you, please? wɔt kän ai get ju plihs

Was darf ich Ihnen bringen, bitte?

To start with I'd like …, please. tə ßtaht wið aid laik … plihs

Zunächst hätte ich gerne …

 some soup ßam ßuhp

 a salad ə ˈßäləd

 an omelette än ˈɔmlət

 **some shrimps** ßam schrimpß

I would like to have … with …, please. ai wud laik tə häv … wið … plihs

Ich nehme … mit …

 **fish** fisch

 lamb läm

 pork pɔk

 chicken ˈtschikən

 peas pihs

a jacket potato ə ˈdschäkit pəˈtäitou

chips tschipß

rice raiß

And what would you like to drink? änd wɔt wud ju laik tə drink

Und was möchten Sie gerne trinken?

I'd like …, please. aid laik … plihs

Ich hätte gerne …

some water ßam ˈwɔtə

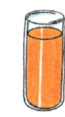

some juice ßam dschuhß

some red wine ßam red wain

a beer ə biə

I don't eat very much. ai dount iht ˈveri matsch

Ich esse nie sehr viel.

I can't eat a large meal tonight. ai kahnt iht ə lahdsch mihl təˈnait

Ich kann heute Abend nicht viel essen.

Could I have half of it, please? kud ai häv hahf ɔv it plihs

Könnte ich bitte die Hälfte davon haben?

Could I have half a meal, please? kud ai häv hahf ə mihl plihs

Könnte ich bitte eine halbe Portion haben?

Could I have some more of that, please? kud ai häv ßam mɔ ɔv ðät plihs

Könnte ich davon bitte noch etwas haben?

I could eat this any day – it's that good! ai kud iht ðiß ˈeni däi – itß ðät gud

Ich könnte das jeden Tag essen, so gut schmeckt es!

Would you like some more? wud ju laik ßam mɔ

Möchten Sie noch etwas davon?

No, I can't have any more – but thanks very much. nou ai kahnt häv ˈeni mɔ – bat θänkß ˈveri matsch

Nein, ich kann nicht mehr, aber vielen Dank.

Leider gibt es auch manchmal im Restaurant Grund zur Klage:

That's not what I wanted. ðätß nɔt wɔt ai ˈwɔntid

Das ist nicht das, was ich bestellt habe.

I don't want to eat that. ai dount wɔnt tə iht ðät

Ich möchte das nicht essen.

Sorry, but this is not very good at all. ˈßɔri bat ðiß is nɔt ˈveri gud ät ɔl

Entschuldigung, aber das hier schmeckt überhaupt nicht gut.

There's no way I can eat it. ðeəs nou wäi ai kän iht it

Ich kann das beim besten Willen nicht essen.

Im Pub

Would you like another drink? wud ju laik əˈnaðə drink

Möchten Sie noch etwas zu trinken?

Can I get you another drink, too? kän ai get ju əˈnaðə drink tuh

Darf ich Ihnen noch etwas zu trinken mitbringen?

All right, but the next drink is on me*! ɔl rait bat ðə next drink is ɔn mi

Also gut, aber das nächste Getränk geht auf mich!

That's on me*! ðätß ɔn mi

Das geht auf mich!

I would like to drink to you. ai wud laik tə drink tə ju

Ich möchte gerne auf Sie anstoßen!

---

* Achtung feste Wendung:
  That's on me. ðätß ɔn mi

Das geht auf mich.

I would like to drink to … **[Name o. Ä.].** ai wud laik tə drink tə	Ich möchte gerne auf … anstoßen!
Here's to you. hiəs tə ju	Auf dein/Ihr Wohl!
Here's to … [Name]. hiəs tə	Auf …!
No, thanks, I can't have any more. nou θänkß ai kahnt häv ˈeni mɔ	Nein danke, ich kann nichts mehr trinken.

KULTURTIPP

In britischen Pubs können Sie die verschiedenen Biersorten des Landes probieren und dabei die besondere Atmosphäre und Gemütlichkeit erleben. Anders als in deutschen Kneipen ist es üblich sich sein Getränk direkt an der Theke zu bestellen. Kurz vor Schließung ruft der Wirt „last orders, please" woraufhin Sie schnell noch ein Getränk bestellen können.

Bekanntschaften und Flirts

Vielleicht knüpfen Sie vor Ort neue Kontakte oder lernen eine charmante Begleitung kennen:

We're having a do tomorrow night. wiə ˈhäving ə du təˈmɔrou nait	Wir machen morgen Abend eine Fete.
Are you in on it*? ah ju in ɔn it	Bist du auch mit von der Partie?

---

* Achtung feste Wendung:
   be in on bi in ɔn   dabei/mit von der Partie sein

Yes, I would like to very much, thank you. jeß ai wud laik tə ˈveri matsch θänk ju

Ja, ich bin sehr gerne dabei, danke.

Are you here with anyone? ah ju hiə wið ˈeniwan

Bist du mit jemandem hier?

Can I take you somewhere tonight? kän ai täik ju ˈßamweə təˈnait

Darf ich dich heute Abend irgendwohin einladen?

Do you have time tonight? du ju häv taim təˈnait

Hast du heute Abend Zeit?

Yes, I do. jeß ai du

Ja, ich habe Zeit.

All right, this is our evening. ɔl rait ðiß is ˈauə ˈihvning

Gut, das ist also unser Abend.

Can I pay for your meal, too? kän ai päi fɔ jɔ mihl tuh

Darf ich dein Essen mitbezahlen?

That's very nice of you, thanks. ðätß ˈveri naiß ɔv ju θänkß

Das ist sehr nett von dir, danke.

Thank you, but I would like to pay for my meal. θänk ju bat ai wud laik tə päi fɔ mai mihl

Danke, aber ich möchte mein Essen selbst zahlen.

Can I see you tomorrow? kän ai ßih ju təˈmɔrou

Kann ich dich morgen wieder treffen?

Vielleicht sind Sie sich sogar mehr als nur sympathisch:

It's very nice to be with you. itß ˈveri naiß tə bi wið ju

Es ist sehr schön, mit dir Zeit zu verbringen.

How time goes when I'm with you … hau taim gous wen aim wið ju

Wie die Zeit vergeht, wenn ich bei dir bin …

I like the way you look very much. ai laik ðə wäi ju luk 'veri matsch

Ich finde dich sehr attraktiv.

I like you very much. ai laik ju 'veri matsch

Ich mag dich sehr gerne.

I like being with you very much. ai laik 'biing wið ju 'veri matsch

Ich bin sehr gerne mit dir zusammen.

We're close, aren't we? wiə klouß ahnt wi

Wir sind uns nahe, findest du nicht?

I want to be with you night and day. ai wɔnt tə bi wið ju nait änd däi

Ich möchte Tag und Nacht mit dir zusammen sein!

I would like to get much closer to you. ai wud laik tə get matsch 'kloußə tə ju

Ich würde dir gerne noch viel näher kommen.

Und vielleicht gibt es sogar eine Fortsetzung in der Heimat:

Wouldn't you like to see me in Germany*? wudnt ju laik tə ßih mi in 'dschöməni

Möchtest du mich nicht in Deutschland besuchen?

Wouldn't you like to go to Germany one day? wudnt ju laik tə gou tə 'dschöməni wan däi

Möchtest du nicht mal irgendwann nach Deutschland reisen?

---

* **Austria** 'ɔßtriə
Switzerland 'ßwitßələnd

Österreich
die Schweiz

Andernfalls können Sie so reagieren, um unerwünschte Einladungen bzw. allzu heftige Avancen abzulehnen:

Thanks, but I have too many things to do. θänkß bat ai häv tuh ˈmeni θings tə du

Ich habe zu viel zu tun, danke.

I have better things to do! ai häv ˈbetə θings tə du

Ich habe Besseres zu tun!

Sorry, but I'm seeing someone*. ˈßori bat aim ˈßiing ˈßamwan

Tut mir leid, aber ich bin mit jemandem zusammen.

I'm here with someone, you see. aim hiə wið ˈßamwan ju ßih

Ich bin mit jemandem hier, verstehst du?

Sorry, but what you're doing is all lost on me. ˈßori bat wot juə ˈduing is ol loßt on mi

Tut mir leid, aber was du da veranstaltest, lässt mich völlig kalt.

All that to-do** is lost on me. ol ðät təˈduh is loßt on mi

Dieses ganze Trara macht keinen Eindruck auf mich.

Don't you see that there's no room for two here? dount ju ßih ðät ðeəs nou ruhm fo tuh hiə

Siehst du nicht, dass hier für zwei kein Platz ist?

Give me a break! giv mi ə bräik **I don't want anything from you.** ai dount wont ˈeniθing from ju

Jetzt halt mal die Luft an! Ich will nichts von dir.

---

* Achtung feste Wendung:
  be seeing someone
  bi ˈßiing ˈßamwan

mit jemandem zusammen sein

** Achtung feste Wendung:
  to-do təˈduh

Trara, Getue

I want to go to bed now – but in my room and not with you! ai wɔnt tə gou tə bed nau – bat in mai ruhm änd nɔt wið ju

Ich will jetzt schlafen gehen – aber in meinem Zimmer und nicht mit dir!

I don't want to go all the way with you*. ai dount wɔnt tə gou ɔl ðə wäi wið ju

Ich möchte nicht mit dir schlafen.

Please take me to my room now and go. plihs täik mi tə mai ruhm nau änd gou

Bitte bring mich jetzt zu meinem Zimmer und geh.

I want you to go now. ai wɔnt ju tə gou nau

Ich will, dass du jetzt gehst.

SPRACHTIPP

Wie Sie an diesem Satz sehen, kann man im Englischen einen Wunsch oder Befehl ganz einfach mit *to* und der Grundform des Verbs ausdrücken: *I want you to go* (Ich will, dass du gehst.). Im Deutschen geht das nur mit einem „dass"-Satz.

---

* Achtung feste Wendung:
  go all the way with someone mit jemandem schlafen
  gou ɔl ðə wäi wið ˈßamwan

Speisekarte

Lebensmittel

bacon 'bäjken		Speck
bread bred		Brot
(bread) roll ('bred) roul		Brötchen
butter 'batə		Butter
cereal 'ßiəriəel		Frühstücksflocken
cheese tschihs		Käse
cream cheese krihm 'tschihs		Frischkäse
honey 'hani		Honig
jam dschäm		Marmelade
marmalade mahmǝläjd		Orangenmarmelade
porridge poridsch		Haferbrei
cream krihm		Sahne
custard kaßtəd		Vanillesoße
yoghurt 'jogǝt		Joghurt
beef bihf		Rindfleisch
veal vihl		Kalbfleisch
game gäjm		Wild
kidneys kidnis		Nieren
minced meat minßt 'miht		Hackfleisch

sausage 'ßoßidsch	Wurst
stew ßtjuh	Fleischeintopf
poultry poultrih	Geflügel
grouse grauß	Moorhuhn
partridge pahtridsch	Rebhuhn
pheasant 'fesnt	Fasan
quail kwäjl	Wachtel
anchovies 'antschəvis	Sardellen
bass bäß	Seebarsch
cod kod	Kabeljau
(Dover) sole 'douvə 'soul	Seezunge
eel ihl	Aal
fishcake 'fischkäjk	Fischfrikadelle
haddock 'hadək	Schellfisch
kipper 'kipə	Bückling
mackerel 'makərəl	Makrele
mullet 'malit	Barbe
salmon 'samən	Lachs
sardines ßah'dihns	Sardinen
trout traut	Forelle
tuna 'tjuhnə	Thunfisch
calamari kalə'mahri	gebratene Tintenfischringe

clams klämß	Venusmuscheln
crab kräb	Krebs
lobster 'lobßtə	Hummer
mussels 'maßls	Muscheln
oysters ojstəs	Austern
prawns prohns	Garnelen
scallops 'skoləps	Jakobsmuscheln
seafood ßihfuhd	Meeresfrüchte
shellfish 'schelfisch	Schalentiere
almond ahmənds	Mandeln
chestnuts tscheßtnats	Kastanien
pistachios pi'ßtäschious	Pistazien
walnut 'wohlnat	Walnuss
blackcurrants bläk'karəntß	schwarze Johannisbeeren
cherry 'tscheri	Kirsche
coconut 'koukənat	Kokosnuss
cranberries 'kränbəris	Preiselbeeren
figs figs	Feigen
gooseberries guhßbəris	Stachelbeeren
grapes gräjpß	Weintrauben
kiwifruit kihwihfruht	Kiwi
peach pihtsch	Pfirsich

pear pär	Birne
pinapple painäpl	Ananas
plum plam	Pflaume
raisins räjsns	Rosinen
rhubarb 'rihbahb	Rhabarber
strawberry 'ßtohəbri	Erdbeere
tangerine tändschərihn	Mandarine
asparagus ə'sparəgəs	Spargel
beetroot bihtruht	Rote Bete
Brussels sprouts brasəls 'ßprautß	Rosenkohl
butter beans 'batə bihns	weiße Bohnen
cabbage 'käbidsch	Kohl
chickpeas tschikpihs	Kichererbsen
chillis 'tschilis	Peperoni
coleslaw 'koulsloh	Krautsalat
corn on the cob kohn on də 'kob	Maiskolben
courgettes kuə'schetß	Zucchini
cucumber kjuhkambə	Gurke
dumplings damplings	Kloß, Knödel
eggplants egplahnts	Auberginen

fennel 'fenl		Fenchel
French beans frensch 'bihns		grüne Bohnen
kidney beans 'kidni bihns		rote Bohnen
lamb's lettuce 'läms letiß		Feldsalat
lentils 'lentls		Linsen
mangetout monsch'tuh		Zuckererbsen
mushrooms 'maschrums		Pilze
parsnips pahßnipß		Pastinaken
peas pihs		Erbsen
peppers 'pepəs		Paprikaschoten
pumpkin 'pampkin		Kürbis
radish 'rädisch		Radieschen
shallot schə'lot		Schalotte
sweetcorn ßwihtkohn		Mais
turnip töhnip		Rübe
vegetables 'vädschtəbls		Gemüse
watercress wohtəkres		(Brunnen-)Kresse
au gratin ou 'grätän		überbacken
braised bräjsd		geschmort
breaded bredid		paniert
deep-fried dihp'fraid		frittiert
pickled pikld		in Essig eingelegt, gepökelt

97

roasted roußtid

geröstet

well done wel 'dan

durchgebraten

sparkling mineral water
ßpahkling 'minərəl wohtə

Mineralwasser mit
Kohlensäure

still mineral water
ßtil 'minərəl wohtə

Mineralwasser ohne
Kohlensäure

tap water täp wohtə

Leitungswasser

tea tih

Tee

herbal tea höhbl 'tih

Kräutertee

white coffee wait 'kofi

Kaffee mit Milch

cider ßaidə

Apfelwein

gin and tonic
dschin ən 'tonik

Gin-Tonik

sparkling wine
ßpahkling wain

Sekt

Gerichte

cock-a-leekie kokə'lihki

Lauchsuppe mit Huhn

consommé kon'ßomäj

klare Brühe

julienne dschuhli'en

klare Gemüsesuppe

Scotch broth ßkotsch 'broθ

Gemüsesuppe mit
Hammelfleisch und
Gerstengraupen

kedgeree kedschərih	Reisgericht mit Fisch und hart gekochten Eiern
Spanish omelette 'ßpänisch 'omlət	Omelett mit Paprika, Tomaten und Zwiebeln
cauliflower cheese koliflauə tschihs	Blumenkohl mit Käse überbacken
pâté de foie gras pätäj də fwah 'grah	Gänseleberpastete
prawn cocktail 'prohn koktäjl	Krabbencocktail
salade Niçoise saləd ni'ßwahs	grüner Salat mit Tomaten, Ei, Sardellen und Oliven
vol-au-vent 'volouvon	Königinpastete
beef bourguignon bihf buəgin'jong	Rindergulasch in Rotwein
chop tschop	Kotelett
Cornish pasty kohnisch 'päjßti	Teigtasche mit Rindfleisch, Kartoffeln und Zwiebeln
cottage pie kotidsch 'pai	gewürfeltes Fleisch in Soße, mit Kartoffelpüree bedeckt und gebacken
escalope in breadcrumbs 'eskəlop in 'bredkrams	Wiener Schnitzel
game pie gäjm 'pai	Wildpastete

hotpot 'hotpot	Fleischeintopf mit Kartoffeleinlage
Irish stew airisch 'ßtjuh	Hammelfleischeintopf mit Kartoffeln und Zwiebeln
shepherd's pie schepəds 'pai	Auflauf aus Hackfleisch und Kartoffelpüree
sirloin ßöhlojn	Rinderlende
steak and kidney pie ßtälk ən 'kidni pai	Rindersteak und -nieren, gewürfelt, in Rindertalgteig gebacken
steak au poivre ßtäjk ou 'pwahvrə	Pfeffersteak
steak tartare ßtäjk tah'tah	Tatar
sucking pig 'ßaking pig	Spanferkel
boiled potatoes bojld pətäjtous	Salzkartoffeln
fried potatoes fraid pətäjtous	Bratkartoffeln
mashed potatoes 'mäscht pətäjtous	Kartoffelpüree
sauté potatoes 'ßoutäj pətäjtous	Schwenkkartoffeln

cheeseboard tschihsbohd	Käseplatte
chèvre schevrə	französischer Ziegenkäse
double Gloucester dabl 'gloßtə	voller, scharfer englischer Käse
Stilton 'stiltən	englischer Blauschimmelkäse
Blancmange blə'monsch	Pudding
clotted cream klotid 'krihm	Dickrahm
crumpet 'krampit	getoastetes Hefegebäck, mit Butter bestrichen
Danish pastry däjnisch 'päjßtri	Plunderstück
doughnut 'dounat	Krapfen
knickerbocker glory nikəbokə glohri	Früchtebecher mit Eis und Sahne
macaroon mäkə'ruhn	Makrone
meringue mə'rang	Baiser
muffin 'mafin	Hefeteigbrötchen, heiß mit Butter gegessen
rice pudding raiß 'puding	Reisbrei
scone ßkon	kleiner, runder Kuchen, mit Butter bzw. Dickrahm und Marmelade gegessen

sundae 'ßandäj	Eisbecher
trifle 'traifl	in Sherry getränkter Biskuitboden, darauf Früchte in Wackelpeter, Vanillesoße und Sahne
bitter bitə	stark gehopftes Bier
draught beer drahft biə	Bier vom Fass
lager lahgə	helles Bier
stout ßtaut	dunkles Bier
wine by the glass wain bai θə 'glahß	offener Wein
port poht	Portwein
brandy 'brändi	Burgunder
liqueur li'kjuə	Likör
malt whisky mohlt 'wißki	aus gemälztem Korn gebrannter Whisky

Notfälle und Missgeschicke

Hilfe holen

Could you please help me?
kud ju plihs help mi

Könnten Sie mir
bitte helfen?

Can you help me, please?
kän ju help mi plihs

Können Sie mir
bitte helfen?

**But for that I need to take you
with me.** bat fɔ ðät ai nihd tə
täik ju wið mi

Dazu muss ich Sie aber
mitnehmen.

I need some help, please!
ai nihd ßam help plihs

Ich brauche Hilfe!

Help! help

Hilfe!

Get some help! get ßam help

Holen Sie Hilfe!

Get someone to help us!
get 'ßamwan tə help aß

Holen Sie jemanden zu
Hilfe!

Don't look on, help us!
dount luk ɔn help aß

Schauen Sie nicht einfach
zu, sondern helfen Sie uns!

We have to call for help now!
wi häv tə kɔhl fɔ help nau

Wir müssen jetzt Hilfe
rufen!

You have to help us right away!
ju häv tə help aß rait ə'wäi

Sie müssen uns sofort
helfen!

Get going! get 'gɔuing

Na los!

KULTURTIPP

Unter der gebührenfreien Rufnummer 999 kann man in Not-
fällen rund um die Uhr die Polizei, Feuerwehr oder einen
Krankenwagen rufen.

Unfall

Bestenfalls kommt man noch einmal mit dem Schrecken davon:

Are you all right? ah ju ɔl rait | Ist Ihnen etwas passiert?

It's a good thing you are all right. itß ə gud θing ju ah ɔl rait | Ein Glück, dass Ihnen nichts passiert ist!

It's a good thing you didn't get here later. itß ə gud θing ju didnt get hiə ˈläitə | Ein Glück, dass Sie nicht später hier angekommen sind.

That was a near thing! ðät wɔs ə niə θing | Das hätte ganz schön ins Auge gehen können!

What a good thing you didn't break anything! wɔt ə gud θing ju didnt bräik ˈeniθing | Wie gut, dass Sie sich nichts gebrochen haben!

Doch wenn es zu einem Schaden gekommen ist, taucht natürlich die Frage nach der Schuld auf:

But I had right of way*! bat ai häd rait ɔv wäi | Aber ich hatte Vorfahrt!

You had to give way**, don't you see? ju häd tə giv wäi, dount ju ßih | Sie mussten Vorfahrt gewähren, sehen Sie nicht?

Yes, you're right. jeß juə rait **I didn't see it at all.** ai didnt ßih it ät ɔl | Ja, Sie haben Recht. Das habe ich gar nicht gesehen.

---

* Achtung feste Wendung:
   right of way rait ɔv wäi | Vorfahrt
** Achtung feste Wendung:
   to give way tə giv wäi | Vorfahrt gewähren

Well, you looked the other way!
wel ju lukt ði ˈaðə wäi

Naja, Sie haben ja
weggeschaut!

You didn't look my way!
ju didnt luk mai wäi

Sie haben nicht in meine
Richtung geschaut!

I couldn't see you at all.
ai kudnt ßih ju ät ɔl

Ich konnte Sie überhaupt
nicht sehen.

**You were much too close
to me.** ju wöh matsch tuh
klouß tə mi

Sie waren viel zu nah an
mir dran.

**And what were you doing on
the right?** änd wɔt wöh ju
ˈduing ɔn ðə rait

Was hatten Sie denn rechts
zu suchen?

**There was no time
to do anything at all.**
ðeə wɔs nou taim tə du
ˈeniθing ät ɔl

Es war überhaupt keine
Zeit mehr, irgendetwas
zu tun.

It was too late.
it wɔs tuh läit

Es war zu spät.

I can't help it. ai kahnt help it

Ich kann nichts dafür.

**It's no good going on
like this.** itß nou gud ˈgouing
ɔn laik ðiß

Das führt doch zu nichts,
jetzt so weiterzumachen.

Please call … plihs kɔhl

Bitte rufen Sie …

a breakdown truck
ə ˈbräikdaun trak

an ambulance
än ˈämbjulənß

the police
ðə pəˈlihß

Verlust und Diebstahl

My ticket/… is gone!
mai ˈtikət is gɔn
My! I lost it! mai ai lɔßt it

Mein Ticket/etc. ist
verschwunden!
Meine Güte! Ich habe
es verloren!

handbag
ˈhändbäg

purse
pöß

passport
ˈpahßpɔt

watch
wɔtsch

Where did you lose it?
weə did ju luhs it

Wo haben Sie es verloren?

**There was a break-in at our
room/…** ðeə wɔs ə ˈbräik-in
ät ˈauə ruhm

Es gab einen Einbruch in
unser Zimmer/etc.

car
kah

caravan
ˈkärəvän

coach
koutsch

All my things are gone!
ɔl mai θings ah gɔn

Alle meine Sachen
sind verschwunden!

Arztbesuch

Next, please. next plihs

Der Nächste bitte.

You are next. ju ah next

Sie sind als Nächster dran.

What can I do for you?
wɔt kän ai du fɔ ju

Welche Beschwerden
haben Sie?

I'm not at all well.
aim nɔt ät ɔl wel

Ich fühle mich überhaupt
nicht wohl.

**This [deutend] is where
I am not well.** ðiß is weə ai
äm nɔt wel

Hier fühle ich mich
nicht gut.

My … is not all right.
mai … is nɔt ɔl rait

Mit meinem …
stimmt etwas nicht.

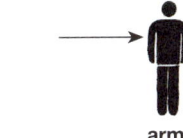

heart
haht

arm
ahm

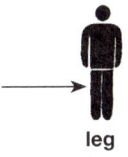

leg
leg

**I have to have a closer look at
you.** ai häv tə häv ə ˈkloußə luk ät ju

Das muss ich mir genauer
ansehen.

**Could you give me something
for it, please?** kud ju giv mi
ˈßamθing fɔ it plihs

Können Sie mir bitte
etwas dagegen geben?

When am I going to be better?
wen äm ai ˈgouing tə bi ˈbetə

Wann wird es mir wieder
besser gehen?

KULTURTIPP

In Großbritannien werden Ausländer im Rahmen des staat-
lichen Gesundheitsdienstes *National Health Service* kos-
tenlos ärztlich behandelt, wenn sie einen Internationalen
Krankenschein vorlegen.

In Bedrängnis

Wenn Sie jemand bedrängt, ausfallend wird oder sich mit Ihnen anlegen möchte, können Sie sich so wehren:

I have no time for you.
ai häv nou taim fɔ ju

Ich habe nichts
für Sie übrig.

I don't want you anywhere near me. ai dount wɔnt ju ˈeniweə niə mi

Ich möchte Sie absolut
nicht in meiner Nähe
haben.

Don't you get it? dount ju get it

Kapieren Sie das nicht?

What gets me* is the way you're looking at me. wɔt getß mi is ðə wäi juə ˈluking ät mi

Es geht mir auf die Nerven,
wie Sie mich anschauen.

Get lost! get lɔßt

Verschwinde!/Hau ab!

Get lost right now!
get lɔßt rait nau

Hau sofort ab!

What's it to you? wɔtß it tə ju

Was geht Sie das an?

Don't you call me names**!
dount ju kɔhl mi näims

Beschimpfen Sie mich
bloß nicht!

I'm not having that!***
aim nɔt ˈhäving ðät

Das dulde ich nicht!

---

  * Achtung feste Wendung:
    That gets me. ðät getß mi   Das geht mir auf die Nerven!
 ** Achtung feste Wendung:
    call someone names   jemanden beschimpfen
    kɔhl ˈßamwan näims
*** Achtung feste Wendung:
    I'm not having that!   Das dulde ich nicht!
    aim nɔt ˈhäving ðät

I'm going to call for help.
aim ˈgouing tə kɔhl fɔ help

Ich werde um Hilfe rufen.

Und so können Sie dem Wortgefecht ein Ende bereiten:

That doesn't get us anywhere.
ðät dasnt get aß ˈeniweə

Das führt so zu nichts.

Well, have it your way*!
wel häv it jɔ wäi

Dann sollst du eben
Recht haben!

Falls Sie sich einmal verlaufen haben, können Sie sagen:

Excuse me, but I'm lost.
ixˈkjuhs mi, bat aim lɔßt
Are you from here? ah ju frɔm hiə

Entschuldigen Sie, ich
habe mich verirrt.
Sind Sie von hier?

**Can you help me with the right
way, please?** kän ju help mi wið
ðə rait wäi plihs

Können Sie mir bitte
mit dem richtigen Weg
dienen?

I'm lost. aim lɔßt
**Could you help me get to …,
please?** kud ju help mi get tə
… plihs

Ich habe mich verlaufen.
Können Sie mir bitte helfen
nach … zu gelangen?

Where am I? weər əm ai
How did I get here at all?
hau did ai get hiə ät ɔl

Wo bin ich?
Wie bin ich überhaupt
hierher gekommen?

**I have to go to … and now I'm
very late.** ai häv tə gou tə …
änd nau aim ˈveri läit

Ich muss nach … und
jetzt bin ich sehr spät dran.

---

* Achtung feste Wendung:
   Have it your way! häv it jɔ wäi

Dann sollst du Recht haben!

Which is the best way to get there in no time? witsch is ðə beßt wäi tə get ðeə in nou taim

Was ist der schnellste Weg dorthin zu kommen?

Missgeschicke

Falls Ihnen oder Ihrer Begleitung ein Missgeschick passieren sein sollte, können Sie sagen:

Your bed/… is broken. jɔ bed/… is ˈbroukən

Ihr Bett/etc. ist kaputt.

It was me. it wɔs mi

Ich bin es gewesen.

TV
tihˈvih

glass
glahß

camera
ˈkämərə

I'm very sorry. aim ˈveri ˈßɔri

Es tut mir sehr leid.

We're very sorry. wiə ˈveri ˈßɔri

Es tut uns sehr leid.

I'm not very good at fixing things. aim nɔt ˈveri gud ät ˈfixing θings

Ich bin nicht sehr gut im Reparieren von Dingen.

But can I please pay for someone to fix it? bat kän ai plihs päi fɔ ˈßamwan tə fix it

Kann ich aber bitte jemanden bezahlen, der das repariert?

Could we please pay for that? kud wi plihs päi fɔ ðät

Können wir das bitte bezahlen?

I didn't want that, sorry.
ai didnt wɔnt ðät ˈßɔri

Das wollte ich nicht,
Entschuldigung.

I didn't want to break it.
ai didnt wɔnt tə bräik it

Ich wollte es doch nicht
kaputtmachen.

We didn't want that at all, sorry.
wi didnt wɔnt ðät ät ɔl ˈßɔri

Das wollten wir überhaupt,
nicht. Entschuldigung!

Wenn Sie sich verspätet haben, können Sie sich so entschuldigen:

We're sorry we're that late.
wiə ˈßɔri wiə ðät läit

Es tut uns leid, dass wir uns
so sehr verspätet haben.

I'm sorry that I'm not ready.
aim ˈßɔri ðät aim nɔt ˈredi

Es tut mir leid, dass ich
noch nicht fertig bin.

We're sorry we're not ready.
wiə ˈßɔri wiə nɔt ˈredi
We're getting ready right away.
wiə ˈgeting ˈredi rait əˈwäi

Es tut uns leid, dass wir
noch nicht fertig sind.
Wir machen uns sofort
fertig.

Wörterbuch

A

a ə ein/eine
all ɔl alle, alles
  in all in ɔl insgesamt
all right ɔl rait ganz recht;
  in Ordnung
  That's all right! ðätß ɔl rait
  Bitte sehr!
All the best! ɔl ðə beßt
  Alles Gute!
am əm bin
ambulance ˈämbjulənß
  Krankenwagen
an än ein/eine
and änd und
another əˈnaðə ein anderer/
  eine andere/ein anderes
any ˈeni einige, ein paar
anyone ˈeniwan (irgend)je-
  mand
anything ˈeniθing (irgend)et-
  was
  like anything laik ˈeniθing
  wie verrückt
anywhere ˈeniweə irgendwo
are ah bist; sind
arm ahm Arm
at ät auf, in
at all ät ɔl überhaupt
at most ät moust
  höchstens
Austria ˈɔßtriə Österreich

Austrian ˈɔßtriən
  österreichisch
away əˈwäi weg, fort
be away bi əˈwäi verreist
  sein

B

bar bah Bar
bar of soap bar ɔv ßoup
  Stück Seife
bath bahθ Badewanne, Bad
be bi sein
beach bihtsch Strand
bed bed Bett
bed and breakfast
  bed änd ˈbrekfəst
  Zimmer mit Frühstück
beer biə Bier
better ˈbetə besser
break bräik kaputtmachen,
  (zer-)brechen; Pause,
  Ferien
breakdown truck ˈbräikdaun
  trak Abschleppwagen
break in bräik in einbrechen
break-in ˈbräik-in Einbruch
break of day bräik ɔv däi
  Tagesanbruch
broken ˈbroukən kaputt;
  gebrochen

bulb balb Glühbirne
bus baß Bus
but bat aber
by bai bis, mit, bei
by and by bai änd bai bald, nach und nach
by and large bai änd lahdsch im Großen und Ganzen

C

café kä'fäi Café
call kɔl anrufen; Anruf
called kɔld gerufen, namens
call someone names kɔhl 'ßamwan näims jemanden beschimpfen
camera 'kämərə Fotoapparat
campground 'kämpgraund Campingplatz
can kän können
car kah Auto
caravan 'kärəvän Wohnwagen
cat kät Katze
chicken 'tschikən Huhn
chips tschipß Pommes frites
chocolate 'tschɔkələt Schokolade
church tschöhtsch Kirche
cigarettes ßigə'retß Zigaretten
city 'ßiti (Groß)Stadt
close klous schließen

closed klousd geschlossen
close klouß nah; schwül
clothes klouðs Kleidung
coach koutsch Reisebus
coffee 'kɔfi Kaffee
concert 'kɔnßət Konzert
could kud konnte; könnte
countryside 'kantrisaid Landschaft

D

day däi Tag
department store di'pahtmənt ßtɔ Kaufhaus
did did tat [Vergangenheit von *do*]
do du tun, machen; lernen; Fete
does das tut
do's and don'ts duhs änd dountß Regeln
do well du wel gut gehen, Erfolg haben
dog dɔg Hund
dress dreß Kleid
drink drink trinken; Getränk
drink to someone drink tu 'ßamwan auf jemanden anstoßen

E

eat iht essen
evening 'ihvning Abend

Excuse me, ... ixˈkjuhs mi
 Entschuldigen Sie, ...
expensive ixˈpensiv teuer

F

film film Film
fish fisch Fisch
fix fix reparieren
fixed fixt fest(gelegt),
 repariert
flowers ˈflouəs Blumen
for fɔ für; denn
for good fɔ gud endgültig
from frɔm von, aus

G

game gäim Spiel
German ˈdschömən deutsch
Germany ˈdschöməni
 Deutschland
get get bekommen,
 werden; verstehen
 That gets me!
 ðät getß mi Das geht mir
 auf die Nerven!
Get going! get ˈgouing
 Na los!
Get lost! get lɔßt
 Verschwinde!
get on with get ɔn wið
 auskommen mit
get somewhere
 get ˈßamweə Fortschritte
 machen

give giv geben
give away giv əˈwäi hergeben
give way giv wäi Vorfahrt
 gewähren
Give me a break! giv mi ə
 bräik Halt mal die Luft
 an!/Hör schon auf!
glass glahß Glas
go gou gehen
 on the go ɔn ðə gou
 auf Achse, unterwegs
go all the way with
 someone gou ɔl ðə wäi wið
 ˈßamwən mit jemandem
 schlafen
go by gou bai fahren mit
 [Fahrzeug]
go for gou fɔ nehmen;
 stehen auf
go on gou ɔn weiter-
 machen; passieren
goes gous geht
going to ˈgouing tə werden
 [für Zukunftsform]
gone gɔn verloren,
 verschwunden
good gud gut
 be good at bi gud ät
 gut können, gut sein in
 have a good time häv ə
 gud taim sich amüsieren
Goodbye. gudˈbai Auf Wiedersehen.
got gɔt bekam [Vergangen-
 heit von *get*]

H

had häd hatte [Vergangenheit von *have*]

hairdryer ˈheədraiə Föhn

half hahf halb; Hälfte

handbag ˈhändbäg Handtasche

hanger ˈhängə Kleiderbügel

has häs hat

have häv haben
  Are you having me on?
  ah ju ˈhäving mi ɔn
  Wollen Sie mich auf den
  Arm nehmen?
  I'm not having that!
  aim nɔt ˈhäving ðät
  Das dulde ich nicht!

have to häv tə müssen

heart haht Herz

Hello. həˈlou Guten Tag/
  Morgen/Abend.

help help helfen; Hilfe
  can't help it kahnt help
  it nichts ändern/dafür können

here hiə hier

Here's to you! hiəs tə ju
  Auf Ihr Wohl!

hotel houˈtel Hotel

how hau wie

How are things? hau ah
  θings Wie stehts?

How do you do? hau du ju
  du Sehr erfreut (Sie kennen
  zu lernen).

I

I ai ich

in in in; in Mode
  be in on bi in ɔn dabei/
  mit von der Partie sein

is is ist

iron ˈaiən Bügeleisen

it it es

J

jacket potato ˈdschäkit
  pəˈtäitou Folienkartoffel

jeweller ˈdschuələ
  Juwelier

juice dschuhß Saft

L

lamb läm Lamm(fleisch)

large lahdsch groß

late läit spät

leg leg Bein

like laik mögen, gefallen;
  wie

look luk schauen; Blick

looking for ˈluking fɔ
  suchen

look on luk ɔn zusehen

lose luhs verlieren

lost loßt verirrt, verloren
  It's lost on me.
  itß loßt ɔn mi
  Es macht keinen Eindruck
  auf mich.

M

many ˈmeni viel/viele

map mäp Karte, Stadtplan

matches ˈmätschis Streich-
hölzer

me mi mir/mich

meal mihl Mahlzeit, Essen

mealtimes ˈmihltaims
Essenszeiten

more mɔ mehr

morning ˈmɔhning Morgen

most moust meist, am
meisten

mostly ˈmoustli größtenteils

mountains ˈmauntins Berge

movie ˈmuhvi Film

much matsch viel

museum mjuˈsiəm Museum

my mai mein/meine

My! mai Meine Güte!

N

name näim Name;
(be)nennen

have a name for häv ə
näim fɔ bekannt sein für

near niə nah

nearby ˈniəbai nahe gelegen

need nihd brauchen

newspaper ˈnjuhspäipə
Zeitung

next next nächst

nice naiß nett; schön

night nait Nacht

have late nights häv läit
naitß spät ins Bett gehen

nightclub ˈnaitklab
Nachtklub

no nou nein; kein/keine

not nɔt nicht

It's not me. itß nɔt mi
Das steht mir nicht.

Not at all! nɔt ät ɔl Gern
geschehen!

now nau jetzt, sofort

O

of ɔv von

omelette ˈɔmlət Omelett

on ɔn auf; in

That's on me. ðätß ɔn
mi Das geht auf mich.

be on bi ɔn laufen
[z. B. Musical]

one wan eins

open ˈoupən öffnen;
geöffnet; offen

opening times ˈoupəning
taims Öffnungszeiten

optician ɔpˈtischn Optiker

other ˈaðə andere, übrige

the other day ði ˈaðə däi
neulich

our ˈauə unser/unsere

P

passport ˈpahßpɔt Pass

pay päi (be)zahlen

peas pihs Erbsen

play pläi Theaterstück

please plihs bitte; gefallen, erfreuen

  be pleased with bi plihsd wiδ zufrieden sein mit

police pə'lihß Polizei

pool puhl Schwimmbecken

pork pɔk Schweinefleisch

present 'presənt Geschenk; Gegenwart

  at present ät 'presənt zurzeit, momentan

purse pöß Geldbeutel

R

radiator 'räidiätə Heizung

rain räin Regen

ready 'redi fertig

red red rot

restaurant 'reßtərɔnt Restaurant

rice raiß Reis

right rait richtig; rechts; Recht

right now rait nau sofort

right of way rait ɔv wäi Vorfahrt

room ruhm Zimmer; Platz

S

salad 'ßäləd Salat

sea ßih Meer

see ßih sehen; besuchen

I see. ai ßih Aha!

be seeing someone bi 'ßiing 'ßamwan mit jemandem zusammen sein

see to ßih tə dafür sorgen

See you! ßih ju Tschüs!

service 'söhwiß Service

sewing kit 'ßouing kit Nähzeug

shampoo schäm'puh Haarshampoo

shirt schöht Hemd

shoes schuhs Schuhe

show schou zeigen; Vorstellung, Show

shower 'schauə Dusche

shrimps schrimpß Garnelen

size ßais Größe

skirt ßköht Rock

small smɔl klein

some ßam einige, ein paar

someone 'ßamwan (irgend)jemand

something 'ßamθing (irgend)etwas

somewhere 'ßamweə irgendwo

Sorry. 'ßɔri Verzeihung./ Es tut mir leid.

Sorry? 'ßɔri Wie bitte?

soup ßuhp Suppe

start ßtaht beginnen; Beginn

  to start with tə ßtaht wiδ für den Anfang, zunächst

street map ßtriht mäp Stadtplan

sun ßan Sonne

supermarket 'ßuhpəmahkit Supermarkt

Swiss ßwiß schweizerisch

Switzerland 'ßwitßələnd die Schweiz

T

take täik nehmen; dauern

takeaway 'täikəwäi Restaurant mit Straßen-verkauf

tap täp Wasserhahn

tea tih Tee

tennis court 'teniß koht Tennisplatz

tent tent Zelt

thank θänk danken

thanks θänkß Dank

that ðät jener/jene/jenes, das; so; dass

the ðə der/die/das

theatre 'θiətə Theater

there ðeə dort
  There is/There are ... ðeə is/ðeə ah Es gibt ...
  There you are. ðeə ju ah Bitte.

these ðihs diese [Mehrzahl]

thing θing Ding, Sache
  It's one of those things! itß wan ɔv ðous θings

Da kann man nichts machen!

this ðiß dieser/diese/dieses

those ðous jene [Mehrzahl]

ticket 'tikət Fahrkarte; Eintrittskarte; Ticket

tie tai Krawatte

time taim Zeit; Mal
  for the time being fə ðə taim 'biing vorläufig
  in no time in nou taim schnell, im Nu
  have no time for someone häv nou taim fə 'ßamwan für jemanden nichts übrig haben

to tə nach, zu

to-do tə'duh Trara, Getue

today tə'däi heute

toilet 'toilət Toilette

tomorrow tə'mɔrou morgen

tonight tə'nait heute Abend/Nacht

too tuh auch; zu ...

toothpaste 'tuhθpäißt Zahnpasta

tourist office 'tuərist 'ɔfiß Fremdenverkehrsamt

towel 'tauəl Handtuch

train träin Zug

tram träm Straßenbahn

TV tih'vih Fernseher

two tuh zwei

U

underground ˈandəgraund
  U-Bahn
us aß uns

V

very ˈveri sehr

W

want to wɔnt tə wollen
was wɔs war [Vergangenheit
  von *be*]
watch wɔtsch (Armband)Uhr
water ˈwɔtə Wasser
way wäi Weg;
  Art und Weise
  by the way bai ðə wäi
  übrigens
  no way nou wäi
  auf keinen Fall
  Have it your way! häv it jɔ
  wäi Dann sollst du Recht
  haben!
we wi wir
well wel gut
  [Adverb]; gesund;
    also; durchaus
went went ging
  [Vergangenheit von *go*]

were wöh warst; waren
  [Vergangenheit von *be*]
what wɔt was
What's it to you?
  wɔtß it tə ju Was geht Sie
  das an?
when wen wann; (dann)
  wenn
where weə wo
which witsch welcher/
  welche/welches
wine wain Wein
with wið mit
  Are you with me?
  ah ju wið mi Können Sie
  mir folgen?
would like wud
  laik möchte(n) gerne;
  würde gerne

Y

yes jeß ja
you ju du; Sie; ihr
your jɔ dein(e); Ihr(e); euer(e)

Z

zoo suh Zoo

Zahlen

0	1	2	3
zero	**one**	**two**	**three**
ˈsiərou	wan	tuh	θrih

4	5	6	7
four	**five**	**six**	**seven**
fɔ	faiv	ßix	ˈßevən

8	9	10	11
eight	**nine**	**ten**	**eleven**
äit	nain	ten	iˈlevən

12	13	14	15
twelve	**thirteen**	**fourteen**	**fifteen**
twelv	θöˈtihn	fɔˈtihn	fifˈtihn

16	17	18	19
sixteen	**seventeen**	**eighteen**	**nineteen**
ßixˈtihn	ßevənˈtihn	äiˈtihn	nainˈtihn

20	21	22	30
twenty	**twenty-one**	**twenty-two**	**thirty**
ˈtwenti	twentiˈwan	twentiˈtuh	ˈθöti

31	40	41	50
thirty-one	**forty**	**forty-one**	**fifty**
θötiˈwan	ˈfɔti	fɔtiˈwan	ˈfifti

51	60	61	70
fifty-one	**sixty**	**sixty-one**	**seventy**
fiftiˈwan	ˈßixti	ßixtiˈwan	ˈßevənti

71	80	81	90
seventy-one	**eighty**	**eighty-one**	**ninety**
ßevəntiˈwan	ˈäiti	äitiˈwan	ˈnainti

91	100	101	200
ninety-one	**a hundred**	**a hundred and one**	**two hundred**
nainti'wan	ə 'handrəd	ə 'handrəd ənd 'wan	'tuh 'handrəd

1000	2000	676
a thousand	**two thousand**	**six hundred and seventy-six**
ə 'θausənd	'tuh 'θausənd	'ßix 'handrəd ənd 'ßevənti 'ßix

Wochentage

Montag	Dienstag	Mittwoch	Donnerstag
Monday	**Tuesday**	**Wednesday**	**Thursday**
'mandäi	'tjuhsdäi	'wensdäi	'θösdäi

Freitag	Samstag	Sonntag
Friday	**Saturday**	**Sunday**
'fraidäi	'ßätədäi	'ßandäi